全国中学生校园美文精品集萃丛书

我 的 青 春 我 的 梦

和诗笔，看吴钩，季子正年少

学霸来袭请注意

《中学生博览》杂志社 选编

时代文艺出版社

图书在版编目（CIP）数据

学霸来袭请注意/《中学生博览》杂志社选编. —长春：时代文艺出版社，
2018.8（2023.6重印）
（"我的青春我的梦"全国中学生校园美文精品集萃丛书）

ISBN 978-7-5387-5674-6

Ⅰ.①学… Ⅱ.①中… Ⅲ.①作文－中学－选集 Ⅳ.①H194.5

中国版本图书馆CIP数据核字（2018）第000133号

出 品 人　陈　琛
产品总监　郭力家
责任编辑　曾艳纯
装帧设计　李　斌
排版制作　隋淑凤

学霸来袭请注意

《中学生博览》杂志社　选编

出版发行 / 时代文艺出版社
地址 / 长春市福祉大路5788号　龙腾国际大厦A座15层　邮编 / 130118
总编办 / 0431-81629751　发行部 / 0431-81629758
官方微博 / weibo.com / tlapress
印刷 / 北京一鑫印务有限责任公司
开本 / 700mm×980mm　1 / 16　字数 / 153千字　印张 / 11
版次 / 2018年8月第1版　印次 / 2023年6月第5次印刷　定价 / 34.80元

图书如有印装错误　请寄回印厂调换

编 委 会

目　录

001

年少衣襟上，曾染山茶香

昨夜的风和离去的你

假如你还是那个笨小孩儿

不必戒掉直视太阳的毛病

学霸来袭请注意

　　我要当学霸！不要问我为什么，一个学生会有这种欲望肯定是被一个叫"成绩"的二贷打击到了。

　　被这贷打击1.26秒之后，我感觉一股热流往脑袋上蹿，我的肢体反应总是要比思维快得多，在我没思考怎么面对之前，我的两只爪子已经拿出手机打出几个大字：我要当学霸！并且成功发表在了空间上。

学霸来袭请注意

杜克拉草

我要当学霸！本来只想用一个感叹号的，但我觉得仅仅一个感叹号表达不出我要当学霸的强烈欲望！不要问我为什么，一个学生会有这种欲望肯定是被一个叫"成绩"的二货打击到了。

被这货打击1.26秒之后，我感觉一股热流往脑袋上蹿，我的肢体反应总是要比思维快得多，在我没思考怎么面对之前，我的两只爪子已经拿出手机打出几个大字：我要当学霸！（省略二十个感叹号）并且成功发表在了空间上。

在我还在考虑要不要把说说删了的时候，殊不知已开始了连锁反应。

"许晴天，你发羊角疯还是人来疯？"

"许晴天，别闹了，回去别丢人现眼！"

"允许你有一颗当学霸的心，但是许晴天你这辈子下辈子下下辈子恐怕都不是当学霸的料！"

"许晴天要当学霸，不是黄河倒流就是太阳打西边出来了哈！"

……

"加油我相信你！"果然还是我善解人意的同桌好。

看着同学朋友的一个个评论，两个字：打击！

双重打击！

面对成绩以及朋友的双重打击，我一气之下把QQ名改为"我要当学霸！"六个字符；头像换成有"别堕落，你没资格！滚去背单词！"的图片；把文艺个性签名改成"再不努力，以后你就只有逛不完的菜市场和穿不完的地摊货！今天你不拼命，明天命拼你！"等等之类充满激情的励志话语；李敏镐的相片被贴上"白否？富否？美否？否，滚去学习！"的大字。

如果你觉得这就够了，那你就大错特错了。仅仅是做那些事怎么能够表达得出我要当学霸的决心呢？我本不是个癫狂的人，但癫狂起来绝对不是人！

在接下来的一个小时里，我把好友聊天背景全换成了化学方程式、物理公式、生物必背知识点等等等等诸如此类的截屏图片；然后把我极其钟爱的节奏大师卸载了然后换成了高中物理法宝、数学万能公式、英语流利说等等关于学习的软件；最后，一直喜欢长发的我"咔嚓"一声成了短发女。

冲动是魔鬼，但冲动在此刻于我来说并没有什么不好的。

我觉得人有时候就该冲动，譬如我要当学霸这件事。

我要当学霸这事我已经谋划四个月零四天。嗯，一直是，谋划。

在讲台上紧张得背不出古诗而被同学议论说"连语文科代表自己都不会背"的时候，我说我要当学霸；在考试拿了低分时同学说"身为理科生理科还这么差"的时候，我说我要当学霸；在我拿到那张我随随便便写篇作文都可以拿到的有史以来数学试卷最低分的时候，姐姐我终于爆发了！

对！没错！我不仅要有一颗当学霸的心还要有当学霸的行动！

"许晴天，玩不玩游戏啊？节奏大师！"

"走开！姐要当学霸！"

学霸来袭，求勿虐。

萌　萌

九　九

1

或许每个文科班都有这样一个女生，她是个文艺女青年，语文、英语常年霸占班级榜首。可是她的数学思维却差得令人咋舌，拉低了总分落入差生行列。

我的同桌萌萌就是一个这样的女生。她写得一手好字，心思敏感而细腻，对生活中的细节异常的敏感。因为她的数学太差了，而我的英语非常差，高三开始时老师把作为数学科代表的我和她安排为同桌，在互补中提高。

我俩刚做同桌的时候，我一度怀疑萌萌有抑郁症。因为她几乎不和周围的人说话，从早到晚都在做题，刷卷子，而且刷得最多的就是数学卷子。

看到她日益厚实的数学卷子集，我觉得非常惭愧。我承认，除了学校组织的考试外，我几乎从未自己买数学卷子来写。

由于萌萌从不主动和我说话，我也不好意思和她说话。

我这人吧，有个缺点，矜持。

2

星期一的早晨一定是班里最热闹的时候，所以当萌萌小心翼翼地向我提出请求时，我有些受惊，也觉得理所当然。她尴尬地摸着头说："许哲，能借我看看你的数学作业吗？"

我点头，把我的数学作业递给她，空气中弥漫着尴尬。

她看了看我的数学卷子，又转头问我："为什么你空了这么多道题？"

我愣了愣，解释道："哦，是这样，我有时候不想写作业的时候就会挑几道写，太简单的就第二天来copy。"

她呆住了，然后缓缓地笑了，带着些自嘲的意味："真羡慕你们。"

"我还羡慕你呢，你不会懂我每次英语完形填空错一半的痛苦的。"我半开着玩笑。

"我确实不懂你，如果我会写这些题的话，根本不可能空任何一道。"

我突然觉得很难过。

萌萌的语文、英语和文综都十分优秀，数学却异常的差。许多人都亲切地鼓励着她，只要你把数学提上去了，你一定可以在高考中取得漂亮的成绩。

我可以猜到她的想法。

她看似是最有希望的人，却也是最绝望的人。

3

因为前一夜打网游到太晚，我在数学课上没忍住困意，睡了过去。

当我的手臂硌着我颧骨时，我不适地歪了歪头，在失焦的一瞬间，我看到正在写卷子的萌萌皱着眉咬着笔头想问题。

我鬼使神差地开口："哪道题不会？"

她指了指试卷上的一道题。

我看了看，给她讲解："用和1有关的等式求最值时，一定是'1'的灵活妙用。化成对勾函数的形式求出最大值和最小值，但是要注意范围，看看能不能取到这个值。你看，这道题你错了就是因为没有考虑到范围，这道题是没办法取到最值的……"

把草稿给她之后，她向我道谢。

我想了想，还是说出了口："其实我一直想告诉你，数学最重要的不是做题，而是思维。当你脑子里有关于常规解法的逻辑，所有卷子对于你都是一样的。数学越好，意味着你对常规解法的认识越深。"

她听完之后点了点头，郑重地对我说了句谢谢。

我不知道她到底有没有听进去。

4

高三下学期，我被铺天盖地的模考试卷砸晕在题海中。

我愈发地佩服萌萌，每次语文考试那么无趣的作文题都能被她写得翩若惊鸿、婉若游龙般生动。她的作文常被复印，全年级学生人手一份。

她也越来越崇拜我，每次发下数学卷子后，她都要借走我的卷子好好研究一番。可是当我的英语都开始进步时，她的数学仍不见起色，连我心中都有些焦急。

对于文科生来说，失数学者失总分，不均衡无发展。就算她的语文英语再好，也抵不过不及格的数学拖下的后腿。

又一次数学周考，卷子出得很简单。

我142，萌萌78，这个分数着实令我惊讶。身为数学课代表的我非常清楚，这次考试全班只有三个不及格的人，另外两个人的分数分别是89和88。

一整节数学试卷讲解课，萌萌都有气无力地趴在课桌上，我知道她心里一定很难过。

我终于体会到爱莫能助的滋味。

我有一个非常伟大的想法，如果可以，我愿意分三十分给她，让她别这么沮丧。

数学课下课后，趴了一节课的萌萌拖着沉重的步伐走向厕所。我看着她的背影，拿起了她的数学答题卷，仔细地检查。

当她回来时看到我在看她的数学试卷，惊恐地抢过试卷抱在胸前，质问我在干什么。

我说，我不干什么，我就想帮你看看。

在我厚着脸皮游说了许久后，她终于答应让我给她检查试卷。

我发现她的试卷并不是无可救药，有十分是因为记错公式，六分是因为不熟悉立体几何的原理。如果难题拿不到分，必须保证拿下所有基础题。

当我逐个给她分析错因时，她一言不发，满脸认真。

5

转眼到了5月，春风吹来了即将解放的号角。

在萌萌的指导下，我的语文和英语有了突飞猛进的进步。她教我如何用特殊的方法巧妙记住成语和文言文，传授给我做病句题的诀窍，还把她压箱底的小众吸睛的作文素材分享给了我。

可是在我的全力辅助下，她的数学仍然在及格线附近挣扎。这种帮助效果上的不平衡一直让我很不好意思。可她一直安慰我，这不是我的问题，是她真的不适合学数学。

老实说我是个很有胜负心的人，在成绩方面我向来只争第一，不愿落后。可是能让我甘心情愿居于其后的人真的不多，萌萌绝对是一个。

我在自责中，甚至有份心疼。

为什么有的人轻而易举可以达到的高度，永远是另一些人可望不可即的远方？

为什么一分耕耘无法得到一分收获？

06

5月底，为了缓解压力，放学后我和同学留在学校打了一个小时篮球，在汗水中和这一年的努力告别。

当我抱着篮球回到教室时，到处寻找餐巾纸擦汗。突然，一个快递小哥走了进来："你好，请问沈萌萌同学坐哪儿？"

我指了指我旁边的座位，快递小哥便把一个信封递给我："麻烦转交给她。"

我答应之后，小哥就走了。

而我在低头看信封的一瞬间，整个人都震惊了。

"复旦大学新闻传播学院自主招生初试通知书。"

后来我才知道是语文老师因萌萌出色的作文而推荐了她。

当时我内心的喜悦丝毫不亚于后来我考入心仪的大学。

愿所有努力都能得到回报，每分耕耘都得到应有的收获。

没有翅膀的孩子，要用力奔跑

路十一

每年临近高考的时候，我家所在小区隔壁的那所高中都会举行高三学生誓师大会，一整个年级的人乌压压一片站在操场上，学生代表透过麦克风用力嘶吼着，那一张张青春洋溢的脸上，写满了庄严和无奈。或嘹亮或单薄的声音在南方4月潮湿的空气中硬生生撕扯出一股破釜沉舟背水一战的决绝意味。

那一年我读初中，中考的升学压力离我还有些距离，年少无知的岁月里觉得做什么都比学习来得有趣。怀着看热闹的心情站在我家阳台上远观这一幕的时候，还煞有介事地拿了望远镜企图在人群中找到为节省往返时间整个高三都住在我家的表姐。

整个高三，她都是我家最晚睡最早起的人，就连偶尔我妈心血来潮起个大早想给我们做点花式营养早餐，都会挫败地发现还有比她更早的，以至于我妈曾一度怀疑我表姐是不是通宵看书了。

老实说，我从来都不是一个勤奋的人，所以表姐的努力让我觉得有些不可理喻。每天早上四点半准时起床，洗漱后开始背英语单词和课文，一直背到五点五十，然后换成背历史或政治。六点半之后开始吃早餐，吃完早餐去学校继续学习。中午回家吃完饭后又躲到房间里做题，直到下午出门上课。而每天晚上都是十二点多才会去睡觉，这其中还有部分是我妈觉得那么晚睡早起身体会吃不消时不时催促下的结果。

那个时候为了节省时间，表姐在饭桌上基本不说话，埋头苦吃十五分钟左右解决掉自己的食物后打声招呼就默默回房间学习了。而这无形之中就使我家原本用于交流的吃饭时间变得特别压抑，生怕那些琐碎的闲聊会耽误了她的时间。于是大家很默契地选择了安静吃饭，直到我表姐进屋后才开始小声交谈。

因着这些缘故，其实很长一段时间我都不是很喜欢我表姐，觉得她破坏了我家自由闲散的氛围。特别是当得知她那么努力然而成绩仍一般的时候，我甚至有些不屑，觉得她完全就是在做无用功。

这样的想法在我脑海里持续了很长一段时间，直到有天晚上我奉我妈的命令给表姐送宵夜的时候，看到她坐在桌前一边看书一边掉眼泪，那种拼命压抑着的崩溃情绪让我觉得她特别让人心疼，于是我顺手把门关好迟疑了片刻后上前给了她一个拥抱。

然后那天晚上我们有了一次时长大概七八分钟的简短谈话，具体都说了些什么我早已忘得差不多了，只记得我当时特没心没肺地问了她一个后来想想挺伤人的问题："你那么努力但是成绩也就那样，为什么还要做那么多无用功呢？"

我一直记得表姐听到这个问题后脸上的无奈和不甘，然后她说："因为我不聪明呀，我那么努力才能达到现在的成绩，如果不努力的话，我的成绩会更差。我们班有的人上个课轻轻松松就能拿高分，可是我没有那样的天赋呀。没有翅膀的孩子如果再不用力奔跑，就只能被远远地甩在看不到的地方了。"

那是我第一次意识到，大多数人其实都不是神的孩子，没能受到太多的眷顾。当先天的能力不足以支撑想要前行的步伐时，唯有后天的努力，才能使自己有资格走上那条对于有翅膀的孩子而言较为轻松的道路。

而之后的日子，表姐依然过着晚睡早起的生活，每天机械般地吃着饭，上着课，背着书，做着题，困了就喝杯咖啡或者用冰袋敷敷脸。虽然同一屋檐下，然而除了每天吃饭的那一点时间，我很少有机会见到她。

临近高考那段时间，她每天晚上都会带回一大堆学校发的复习材料和试卷，有些甚至还带着尚未散去的油墨味。晚上临睡前则要把一天的知识点重新整理全部过一遍，就连睡觉时都是听着英语入睡的。

后来为了节省时间，表姐连午饭和晚饭都不回家吃了，每天早上出门时带点水果面包或三明治就凑合着过了。如此随意的饮食我妈实在放心不下，就时不时让我给她送饭或者送碗补汤，等她吃完了把保温杯收起来才能回家。

老实说，第一次去表姐的班级时我有点被震撼到了，放眼望去，每一张课桌上都堆满了书或者试卷，有的桌子上不够放就直接堆在了脚边。而书堆后面，则是一张张写满了疲倦的年轻面孔。明明是午饭时间却依然有不少人在教室，一边吃着手里的食物一边看书。似乎少花几分钟吃饭，就能够离重点高校更近一步。表姐在这一群学生中显得特别亮眼，因为她是为数不多站着吃饭看书的，而这不过是为了助于消化和防止犯困。

整整一年的时间里，表姐基本断绝了各种娱乐，甚至包括她最爱的逛街和运动。很难想象，在最美的青春年华里，曾经那么喜欢打扮的姑娘，是如何克制住了自己内心的渴望，将所有的心思投入到了日复一日的学习中。唯一的例外就是，每次的模拟考之后，不管成绩如何，她都会给自己两个小时左右的放松时间。通常我们会一起去打网球，每每一番你来我往的厮杀后，精疲力竭的表姐都会直接躺倒在球场上，哭得像个小孩。

在那惶惶不安的岁月里，偶尔撕心裂肺的号啕大哭似乎成了层层压力下唯一且最有效的宣泄方式。每个人都铆着那么一股劲儿，逼迫自己不断去读去背去做去想，在一次次或失望或欣喜或平静中用力挣扎着，小心翼翼地期盼着能够迎来破茧成蝶的那一天。

那一年高考，表姐的成绩比预期的多了二十分，被一所不错的二本院校录取。并不是丑小鸭变成白天鹅那种一飞冲天的结局，然而对于表姐来说，已经是很好的了。

收拾行李回家的那天，表姐站在我家阳台上望着她学校的操场，笑着用一种如释重负的语气说了句："真好。"那是我那一年来头一回看到她笑得那么释然，笑着笑着，眼泪却不受控制地掉了下来。

那天在阳台上，表姐絮絮叨叨地说了很多，似乎想把一年里沉默寡言省下的字句全部释放出来。在那段希望与绝望并存的日子里，她就如同一个孤独的行路者，茫然而不安地前进着，看着有人时不时从她身边经过，而后走远，只留下一串串脚印，告诉她前路漫漫，她需要用力奔跑才能追上大部队的尾巴。

天赋决定了你的起跑线在哪，而努力，则决定了你能跑多远。她很感激，天赋不够的自己曾经那么努力奔跑过，虽然结局于别人而言太过一般，对她来说，却是为自己的高中画上了一个圆满的句号。

我用黑眼圈换理想，
努力赶向下一个希望

巧笑倩分

1

故都的秋天，终于在某日清晨窗台玫瑰花瓣上的几滴晨露中懒洋洋地告知了她的到来。

去学校的路上途经一个小区，一层的小花坛里有一株石榴树。火红的石榴掩映在顽强挺立秋风中的树叶间，像个害羞的小姑娘，倒看得我心里一动，竟想起了前一年去雍和宫看到的那棵石榴树。

同样深秋露重时，那又大又火红的石榴呀，就那样满满地挂在枝头，一个接一个紧紧团簇，比小区里枝头的零星几个要有生机得多。

难道是那座享有皇家盛誉的寺庙因为前来叩拜的信徒众多而更有烟火气？小石榴们会不会像《西游记》的人参果一样，成了精，偷偷看着每天如流水一般进香叩拜的人，然后在一阵风来时悄悄地笑。

可心间那一缕风还没吹过来，小区的风却正吹得树叶簌簌，像是在提醒我，哦，那已经是前一年的事了。

是啊，秋风起，秋意凉，不过只是须臾转瞬间，我来京城已三年。

2

9月初，新学始，也是我人生下一个理想和希望的开始。

第一天上讲台，教室里二十五个十岁左右的小娃娃，面带着童趣的微笑，眼睛叽里咕噜地在我眼前晃啊晃，不由得让我产生了一种错觉：难道他们真的就是那年石榴树上的"石榴小精灵"？

那天，我站上讲台的感觉很熟悉，尽管我之前从没有任何正式讲课的经历，但那一天，我却觉得，真的跟他们好像在哪里见过。一点儿都不紧张，一点儿都不怯场。后来校长第一次来听课，我紧张得冒汗，课前他们反倒过来安慰我说："老师，你别担心，我们都被听习惯啦！"再后来，带着孩子们一起出去看木偶剧，他们也表现得非常谦和有礼貌，一点也不像平时在班里嘻哈打闹的样子，还个个都像小大人似的跟我做保证："老师，关键时刻我们是不会掉链子的！"

但孩子毕竟是孩子，他们也会时不时地开启"顽皮熊"模式，但绝大多数时候，我还是会无意间就被他们在顽皮熊外衣包裹下的天使心感动得一塌糊涂。能被他们满心满眼地热切关怀着，我这才觉得，2016年前半年熬过来所有的夜，走过的所有的路，都是值得的。

3

那时，我白天要赶往离住处两个多小时的地方上班，晚上又像一只溯游的鱼在川流不息的地铁人群中艰难跋涉，回到家忙完工作任务，还会复习备考到夜里一两点。好友每次一见我，总会叮嘱我早点儿睡，"因为你的黑眼圈越来越重啦！"我难以置信地站在穿衣镜前，却在下一秒对着面容憔悴的自己咧开嘴笑了。虽然有心酸，为了重拾理想，我没有聪颖的天分，唯有靠努力，才把底气越攒越足："就当是我用黑眼圈来换理想好了！"

妈妈也曾是一名老师，小时候我尤其喜欢跟在她的身后到她教室里去听她给班里的大哥哥大姐姐讲"小小的船儿两头尖"。今年她听见我终于要为站上三尺讲台而努力拼搏一把的时候，一向沉稳的她终于激动地说："晨晨呀，你早就该这样了！""早就该这样"，她是告诉我，早就应该回到自己喜欢的这条路上了。知女莫若母，她对我的理想，早已洞察。

现在我终于如愿地当上了"孩子王"。学校就在离家只有半小时的地方。我再也不用挤两小时地铁，再也不用起早贪黑，每天还有那么多的小天使做伴，我的心里，幸福而满足。从前那些在川流不息的地铁人流中步履如飞的日子终于过去——理想，终于等到你，还好我没放弃。

4

关于雍和宫的石榴树，还有一个回忆的细节——还是前一年深秋，随喜过后我打算离开，走到宫门口我回过头去，想要跟它道个别——只见它就在那里，树叶随风一阵接一阵地随意浮动，投影在古老而斑驳的砖墙上，一帧一帧的影像，无声的苍黄，那就是岁月啊。

多少年月，多少人事，它都一直以自己的方式坚守着，从未离开。

所以，我才会跟枝头上如精灵娃娃般的石榴们，一见如故。

你与六月书，我拾旧日梦

三倾荟

1. 橘黄色

买了本台历，是橘黄色的底，以梵高的画为主题，每个月份都附赠着一张明信片。

同桌笑说可以根据这些画来测运势，翻到六月的那一张日历，所有明艳动人扑面而来，声势浩大。

是梵高那张最广为人知的画，恣意开放的向日葵。

"六月份，好兆头啊，这张我喜欢。"似乎有那么一瞬的停滞后，同桌用手指戳戳明信片，侧头看我。

我点点头，刚想说点儿什么。

衣角一紧，同桌边攥紧我的衣角边正襟危坐地拿出试卷，我心领神会地抬起头，班主任不知何时又无声无息地潜进了教室，此刻正站在讲台上，目光灼灼。

晚自习特有的那种惹人疲倦的气息再一次将我裹紧，我收起台历，拿出练习，将自己深深地埋进油墨味中。

脑海里浮现出历史必修三最后一个专题对梵高的介绍，课本上的插图正好是这幅画，书上说，梵高被称为"扑向太阳的画家"。

他穷尽一生，甘愿追逐太阳，所以他被灼伤了。

可我，连被灼伤的资格都没有，因为我把自己扔进高三的牢笼中，汲汲营求，不敢抬头看一眼太阳。

喜欢的学姐说，早起时见到的太阳，清浅不炽热，像颗可以直视的大橘子。

我告诉她我最爱橘黄色，告诉她高二时给高三的他们亲手制作贺卡时用的就是橘黄色的卡纸。手工粗糙，简笔画的太阳下方写着祝语："我知道高三难熬，那么我祝你的每天都是橘黄色的。"

那张贺卡最后到了谁的手里不得而知，但那声期盼仍在此刻高三的我心里遍遍响起。

我没有告诉她的是，冬天的北半球昼短夜长，每天早上起床去教室时天色总还暗着，天际最多只有一抹亮色。

染着灰的清晨，我是万千旅人中的一个。

我已经很久没有见到心底的橘子。它在某个日落时分沉下海，一直未破晓。

2. 眺望

学校要求期末考结束后的两天评讲考卷。

自然而然地，期末考结束后，要么狂欢，要么死寂。

宿舍熄灯后静寂了许久，对面的男生宿舍却依然吵吵嚷嚷，时不时传来几声不着调的鬼哭狼嚎。

不知是谁提起，大家纷纷说起自己的新年愿望。

高三的人，不论是谁，心底总有一个隐隐约约的期盼，它根植于各科老师的宣传和各个有关学长学姐的传奇中，最后在心底生根发芽，每一缕拂过细芽的风都吹向未来。

为了正式一点儿，我从被窝里爬出来，端坐在床上。

"我只有两个愿望。北大，以及写小说。"我听见自己的声音，丝丝缕缕地渗进冬天的寒气中，像被雾气罩住，听起来遥远而模糊。

南大、厦大……纵然我们囿于高三这口小井，眺望的目光却一路延伸至大江南北。

愿望，或者梦想这种宏大的词语，说起来好听而高贵，万千定义中却没有一个真正准确。

我最喜欢的还是那一句，梦想，是与生俱来的固执。

我记得暑假见到的北大，人来人往，我什么也来不及看清，却有种说不清道不明的感受由心而生。我并没有得到我千辛万苦想寻到的归属感，但总在临睡前记起，和H坐在桥上晃着双脚，桥下是碧绿湖水和窈窕芙蓉。湖水悠悠荡荡，石板桥那般清凉，不是故乡，但却可以令我轻松滑入梦境。

我那般渴盼它。

3. 亲爱的六月

倒计时日渐消减，时间犹如洪水猛兽，步步紧逼。

六月啊六月，我知道你就要来到。

高二的时候，我去厦门参加八月长安的签售会。她是我喜欢了整整五年的作家，是贯穿我整个青春期的光亮。

人群一点点散去后我还是舍不得走。快结束时我仍站在离她不远的地方，掏出橘黄色封面的摘抄本让她签名。

她忽然抬头，声音带着笑："刚刚是谁说想考北大的？"

"我。"受宠若惊地，我紧紧盯住她的脸，生怕那笑容转瞬即逝。

后来她在我的摘抄本上写："好好学习，二熊爱你，上北大哦~"

那本摘抄本一直带在我身边。在奔赴六月的途中难免疲惫，好在我能够及时汲取力量。

八月长安在签售之前曾说："千里迢迢，为你而来。"

那么借二熊这句话，亲爱的六月，千里迢迢，我们终将相遇。希望到时遇见你的，是比此刻更好的我。

4. 后来

那张画着向日葵的明信片，后来我在某个晚自习送给了同桌。我写："前路曲折难行，但盼你有绚丽一瞬，如同这向日葵般灿烂。"

喜欢的学姐后来考上了浙大，她返校宣讲时说西湖水养人。我能看见去往更广阔天地的她，拥有橘黄色的每一天。

而我仍在踽踽独行，奔赴六月，等待破晓。

5.后记

特地看了一下写这篇文章的日期，是2015年2月的时候，高三上学期。

好久不见呀，小姑娘。

当年你打下这些文字的时候，内心是惶恐忐忑的吧，哪怕你想要的那么通透明亮。

现在的我，大一下，坐在书桌前，身侧是一面印着"北京大学学生会"的大镜子。再次从文字中拾起那些个片段，连自己的面容也被记忆蒙上了雾气。

但，这个你心心念念的地方，我最终抵达。

感谢那个踽踽独行的你，让我坐拥北纬四十度，橘黄色的每一天。

仍有前路，待我奔赴。

高三就是一枚纸老虎

蒜　泥

非常时期是什么时候？是高三啊！

在所有家长、所有老师、所有过来人、未过来人眼里，好吧，是在咱国人眼里，高三，就该两耳不闻窗外事，一心只读圣贤书的时期。可是！当青春期撞上高三，事情哪会那么简单。

在高二下学期，我们的学长学姐已结束人生一大事——高考后，老师就宣布我们成为了新一代大哥大、大姐大。于是乎，上课睡觉的同学醒来受到了惊吓。"咋地咧？我还睡了一年还是咋地？""嗯，去年我们发现你久睡不醒后，送你去医院，医生说他们也无能为力，所以……""啪"的一本书砸在了滔滔不绝口水泛滥的该同学脸上。前桌的女生推了推鼻梁上不存在的眼镜，严肃地说："你们搁这儿浪费生命是可耻的！"说着便一叠试卷甩过来，"做！"然后就只剩下纸笔碰撞的华丽乐章。

这真是神圣的一天，所有人都怀着"我要抛头颅洒热血"的心情度过成为高三生的第一天。然而……哈！当然有然而啦！第二天开始，大家都把前一天的种种抛之脑后，打球的打球，玩游戏的玩游戏，你侬我侬继续侬。没办法，青春期嘛，怎能少了流汗的运动、热血的游戏、情窦初开的浪漫呢？

不久后，诡异的事情发生了。咱班上开始陆陆续续地出现伤员。今天凌某打球扭了左脚，明天陈某右腿摔了，而后天，李某坐摩托车摔了还脸着地。"咳咳，班里最近老是有人受伤啊。你们呐，伤筋动骨一百天啊！都高三了，消停一下行不？篮球少打一会儿，想运动就去跑跑步。""知道了——""知道就……""丁零"下课铃刚响，一帮男生抱着篮球就跑没了影儿，徒留班主任在讲台上痛心疾首。没办法，青春期嘛！不流汗不长身体嘛。

对于学校屡见不鲜的小情侣，可让校领导头疼了几天。于是某天晚修结束，一对璧人正在墙角含情脉脉地对望，眼看距离越来越近。等等！这是想咋的！接着便几束灯光照过来，几位一袭黑衣的校领导迅速将两人包围。惊恐的眼神，颤抖的嘴唇。"校长，我，我，我们……""你们都想家了吧？校长知道你们肯定想家了。要不回去呆一周？"第二天，得知消息的我们表示很是忧心。那两人会不会留下心理阴影啊？不过，一个星期后，我们看到了依旧语笑嫣然的女生，谈笑风生的男孩，顿时有点儿心疼那些在早会上一遍一遍强调"高三了，不能把精力放在不该放的地方"的领导了。没办法，青春期嘛！情窦初开的苗头可是春风吹又生的啊！

后来啊，也就是现在。百日誓师大会后的我们真的感受到了紧张。于是再热血的游戏也抵不过烧脑的计算题，再阳光的运动也抵不过激情澎湃的诗歌，再放不下的恋人也抵不过缠绵的英文。

"喂！好累啊，手都要写断了。"

"是啊！不过快要解出这道题了，想想就激动！"

"想干一场漂亮的。"

"啥？"

"六月七号八号，约不约？大干特干，杀他个片甲不留！"

"走起！"

没办法，这就是青春呗！高三这纸老虎，咱怕啥？

我是最年轻的晚霞

吴一萍

"池雾瑶，你来确认一下学籍信息，确定没问题，我就交给班主任了啊。"班长费瓴把学籍表放在了讲台上，转身去找其他人来确认信息。姗姗而来的池雾瑶像做贼一样，飞快地确认自己的信息，看了三遍出生年月日之后，低着头回到了座位。

不知道是不是每个人都有一个不能说的秘密，这个就像一颗种子，虽然茁壮成长，但是只能往心里疯长，却不能往别人的眼睛里延伸。池雾瑶就有这样的秘密，在每年重复很多次的个人信息确认上，一次又一次揪着她的自尊，一遍又一遍地拷问她的内心，她会缩成一个角落里的小丑，大大的微笑下，掩埋着一颗玻璃心。

池雾瑶家在一个落后的村子里，说家徒四壁有点儿夸张，但是离小康生活依旧很遥远，所以爸妈拖着三岁的池雾瑶去了大城市打工。

打工这两个字其实很沉重，池雾瑶也只能带着农村户口上着打工子弟学校，顶着农村人的名头，操着半熟不熟的普通话，在城市里招摇，摇摇晃晃就到了七岁，她的弟弟就这样出现了。

那个突如其来的弟弟，正好赶上了计划生育政策最紧的时候，计生办还没有闻声而至，池雾瑶的妈妈就擅自去派出所改了池雾瑶的年龄，足足改大了五岁，然后给弟弟也改大了五岁，就这样逃了计划生育的空子，给家里省了一笔巨大的费用，而池雾瑶就开始躲躲闪闪地过起生活来。

五岁的年龄差对于一个成人而言，并没有太大影响，但是对于孩子而言，影响太大了。

池雾瑶念小学，个子比同龄孩子矮了一头，但是登记的年龄却是班上最大的。班主任是新来的小伙子，大大咧咧地问她怎么这么晚念书，池雾瑶只好把头压低，和书本失去焦距。同学的笑声还是那么震耳欲聋。

应该算是极端的处理办法了，上学第二天，池雾瑶用一哭二闹三上吊的方式，让妈妈托人给她换了班级。没见到新同学之前，她就跑到了办公室里找班主任，一句话也不说，眼泪吧嗒吧嗒地往下直掉，把班主任吓得不轻，很顺利地让班主任替她保守那个别人嘴巴里的笑话、她心里的一个疤。

池雾瑶在惴惴不安中度过了小学，没人再能窥看她心里的秘密，领到毕业证的那个时候，实际年龄只有十三岁的池雾瑶，重重地叹了一口气，可以不用小心翼翼地过日子了，转身回家的时候，心又突然揪起来，马上又要去新学校了，又该提心吊胆了。

池雾瑶长得很稚嫩，爸妈给了不会长到特别高的基因，所以看起来总比同龄人小三四岁。不爱出门的习惯，让她皮肤很白，综合起来她也是个应该抬起脊梁，走过人群的人啊，可实际上，她的头永远都对着马路，用最快的速度穿梭在人群里，她怕多一秒停留就会被别人的目光审视，她害怕。

初中莫名其妙地就结束了，池雾瑶恍恍惚惚地被市一中录取了，还没来得及感受喜悦，新一轮的压力就悄然而至。

这是一所汇聚富家子女、学霸精英以及怀揣梦想的人群的学校，池雾瑶在第一次入校考试之后，迅速成为了透明人，没人把眼光放在平行班的她身上。

按部就班地搬用着小学的套路，在开足冷气的办公室里，池雾瑶和班主任打着感情牌。然而这次的班主任，没有手足无措，甚至感情都没有波澜，班主任听完回了两个字"好的"，就低头看试卷，结束了话题。池雾瑶有点摸不清头脑，更摸不清楚这所学校奇特的生存模式。

一直以来，池雾瑶的化学测验都能避开错误拿满分，尽管是其他科目老师眼睛里的灰姑娘，但却是化学老师心头的宝贝，化学竞赛刚刚开始，化学老师就帮他的得意门生报了名。战旗飘飘，鼓声雷动，差的就是那张准考证了。

准考证并没有如期发到池雾瑶的手里，因为年龄，池雾瑶被竞赛组筛选掉了，参赛的年龄必须未满十八岁，而上高二的池雾瑶户口本上已经二十二岁了。

化学老师把池雾瑶单独喊到了办公室，对着池雾瑶的户口本复印件，左右踱步，怎么都不信这是真的。对啊，按道理，二十二岁的孩子，大学都毕业了，怎么才念高二？再说，池雾瑶的脸可不是二十二岁该有的样子。

一个又一个的疑问从化学老师的心里咕噜咕噜地冒出来，可怎么询问池雾瑶，她就是不说话、无表情，反复几次，化学老师也只能作罢，放她回班里上课。

那之后，池雾瑶干脆什么比赛都不参加了，只要非全体同学参加的活动，她都通通拒绝，班主任总能看到她倔强地缩在角落里，演算数学、看书做笔记，明明挺可爱的孩子，怎么会如此消沉？

班主任家访了，池雾瑶得到这个消息的时候，班主任刚刚从她家里出来，手里还提着她妈逢人就送的自制辣椒罐头。

被叫到班主任办公室是池雾瑶意料之中的事情，只是她没想过班主任会开门见山地说话。

"听你爸妈说了你年龄的事情，涉及到身份证编号，改起来麻烦，也的确影响你的生活了。不过，你现在这样生活，是不是已经不快乐了？"班主任的眼睛仔细地看着池雾瑶，池雾瑶接触到班主任的眼光，立马又低下了头，像个小偷偷东西被人抓到了一样的局促。

"老师，我知道了。"池雾瑶依旧毫无主见。

"瑶瑶，人都是浮萍，很难有依靠，大风大雨还是需要独自承担，可是你要知道，浮萍它也活在阳光下，要借助水的给予，更需要同伴的依偎。"班主任握了握池雾瑶的手，暖流就涌进了池雾瑶的心。

良久的沉默，班主任也没有强求池雾瑶说话，若有所思地看着池雾瑶，她的背影消瘦得让人怜惜。

第二天，班上公示了个人信息核对单，贴满了整个教室，班主任说要引起重视。池雾瑶看着满满当当的秘密，心里都慌了，甚至都想到了死。

公示贴了半个月，该看的、不该看的都被班里的人记住了，可奇怪的是，没人问她年龄的事情，也没人关注她，大家依旧风风火火地学习、讨论，只有班主任把一切看在眼里，放在心上。

池雾瑶的周记批注是四个字：欲盖弥彰。是班主任的字。班主任是想告诉她，有些事不需要过度紧张、在意，越掩盖越让人注意，坦荡地对待问题，结局反而出乎意料。

池雾瑶的头抬起来了，走路的时候会微微地笑，还担任了班里的文宣委员，和同学交往也正常了，下课了，也会和女同学三三两两地牵手上厕所。

高三上学期，池雾瑶的作文《我是最年轻的晚霞》获得了省高中生作文大赛一等奖。站在讲台上的池雾瑶挺直了脊梁读着自己的作文……

"……班主任找我之后，我就在想，我不缺胳膊不断腿，更没有给社会带来麻烦，我只是隐藏了一个无关紧要的事实，我不该活在阴影里，我今年十八岁，是活在户口本里的二十三岁，是踩在青春里的朝气蓬勃，是最年轻的晚霞。"

我所理解的生活

夏南年

这个题目的文章我记得有很多人写过,即使在《中学生博览》里,我也记得街猫写过。可是韩寒在书里说,我所理解的生活,就是和我喜欢的一切在一起,我们喜欢的事物都五花八门,我们理解的生活,也会千姿百态。

我 的 五 样

专业课里给我们上叙事散文的那个扎了个辫子、戴发箍的男老师曾经给我们做过一个测试,好像是毕淑敏书里有写过的,"如果你明天就要离开这个地方去月球,只能带五样你最在乎的东西或者事物,你会选择哪五样,记住,你要抱着明天醒来"。

每个人都写好后,老师问,如果真的只有这五样东西了,你们还会幸福吗?整个导管班和表播班的人几乎全部举起了手。

"好,你带着这五样东西一直走,遇到一个悬崖时,因为各种原因必须放弃一个,你要亲手把它推下悬崖……"

就这样用尽了路太窄、船不能太沉之类的各种各样的理由,最后我们身边都只剩下了一样,老师问,现在这样,你们还觉得自己会幸福的举手。我真庆幸那时候我坐在边上,因为那时候班里只有我一个人举起了手。

后来老师说："你们根本不能想象失去亲人的感觉，也根本不能想象没有了梦想的可怕。"于是我在下面小声说："所以我把梦想保留到了最后，我觉得我可以继续幸福下去。"

我所理解的生活，就是和我喜欢的一切在一起。其实当时举手还有一个原因，反正现在我不用只带着最后的那一样上路，也许，努力一点、拼命一点，我可以带着我的五样一起生活。

那天我毫不犹豫在纸上写下的五样事物，大概是全班同学里最轻巧的，我写的是："我喜欢的人、文字、钱、自由和行走。"

我是个重感情的人，但这并不代表我要带着所有感情上路，我背负了很多心事，但带着它们，我依旧可以脚步轻松。

我喜欢的人和钱

我很庸俗地把这两样东西放在了一起，不过这并不是说我要喜欢个有钱的人，相反，我想有很多很多的钱，买我喜欢的人想要的东西，和他去远方旅行，和他在未来有一栋漂亮的房子，亲手布置我们的未来。

可是这样的想法从身边的人换了一两个我又回归到了独自一人也没有实现。这么久以来，我仍旧是个感情没有空窗期的傻瓜，会掏心掏肺对喜欢的人好，默默陪伴他听他所有的心事，不焦躁不勉强，信奉喜欢你，是我自己一个人的事情。

我说过我十七岁要送给自己一本《孤单星球》的绘本，说过十八岁要送给自己一套谁的小说，说过等我有钱了要去蛋糕店买彩虹蛋糕来尝甚至是等我有钱了要买一个戏班来经常给我表演，可是这一大串我想也许对于我这样的人来说也只能是想想。

我在高二上半学期刚开学的时候失恋，之后收到了怪姐寄来的明信片，她说那么美好的欣妍，一定会等到自己的幸福的。

我想说即便我最不缺的就是正能量，我可以倾听你们所有人的心事，在你们面前微笑，我也并不一定特别美好，但我仍旧在等待我的幸福。我想要一个愿意和我一起幸福的人，也想要很多钱，如果可以多选择一点，我希望那个人有钱，我说的，是有一个愿意在我生日的时候买一本我喜欢的书送给我的那么多钱的人。

文　字

经常有人问我写了多久了或者从什么时候开始写作这样的问题，我一律回答真正开始写是在初三毕业的那个暑假，因为那时候我才过了第一篇稿子。

其实细细地算，我在小学即将毕业的时候，就曾因为和同桌合写酸死人不偿命的青春小说被班主任赶出了教室。班主任嘲笑我是"美少女作家"，后来一直到初中，还有很无聊多事的人在遇到我时这么喊过我，不过现在我终于可以想，小学生订得最多的那本高大上的儿童杂志上我已经写了十几篇稿子了，不知道那群脸可以扬到天上的老师看到过没有。

初二初三的时候，那个很老的从不会笑的英语老师也经常把我的自尊心和梦想戳得千疮百孔，她说："你要是能发表文章不白写，我们也让你写啊。"这句话当着同学的面说，也当着我妈的面说，让我小小的自尊心碎得捡都捡不起来。

她还说："你要是从现在开始特别特别努力地学习，考上一中还是有一点希望的。"说这些话的时候，她的眼镜片闪烁着冰冷的光，一副看不起我的样子，可是在不久之后，我就考上了比一中要好一大截的学校，在即将等来通知书的时候，邮箱里多出了一封过稿邮件。

我当时恨恨地想以后要是能发表就带着样刊去找他们，后来我终于可以趾高气扬地去时突然没了兴趣，我最喜欢的文字可不是用来这样赌气的，有这些时间还不如去看点书。

昨天给一个哥哥留言，挫败地抱怨自己好久没有过稿了，其实这个好久也就是一个月，哥哥给我留晚安的时候说："你就小情绪多。像你那么大能发表文章的真的不多。"

其实我真的很想反驳，文字对我来说已经不是喜欢那么简单了，它成了我的一种习惯，我生命里的一部分。

我喜欢文字，我相信它也是喜欢我的。毕竟想写的时候就可以花两元钱一个本子一支笔写到疯狂。

自由和行走

前几天我差一点就和Y讨论了一个深层次的问题，他在网吧里看那个叫背包环游之类的名字的视频，羡慕得要命。我知道他和我一样有去远方旅行的想法，于是我很认真地问了他一个以后敢不敢上路的问题，没想到他居然回答我这样的事情说不准。

说实话我真的很吃惊，因为我说过我一定会在一年后去远方走走，我敢！而且能清楚地背出地理书上那些乱七八糟没办法背的地名，也舍得花几十块钱买旅行杂志的Y居然不像我那么干脆。

他说真的没那么简单，要考虑很多东西的云云，而我在想，最重要的是你想不想走。

于是我说："如果以后我们之间只有一个人上路了，我的可能性要大得多，因为我没有那么多包袱。"因为我拿得起放得下，而我知道他不行。

在那天做我的五样的时候，我就偷偷躲掉了老师的目光给Y发了消息，我让他也做一遍，他死活都不愿意，他说我的就是我的，谁也抢不走，又说光家人就五六个了，而且做这样的测试根本没意思。

于是我知道了，他的包袱和责任感不会让他走去很遥远的地方。

准备红人馆的时候，我在贴吧里回答帽儿以后想过真正自由的生活，就是自由地写稿看书丰富自己，没有人管没有人影响也没有束缚，最好连喜欢的人也没有。而我向往的生活就是能每天写文去图书馆然后听歌看电影，努力遇到很多故事，能不饿死就多去远方走走。

我知道没有自我的人无论去了哪里都没有自我，但我也会把自己想得很伟大，就像亲爱的你们有时候会说，我的文字给了你们温暖，我希望我能去远方行走，过真正自由的生活，给也许陌生的你们力量，让你们有勇气成为最好的自己。

韩寒在书里说，我所理解的生活，就是和我喜欢的一切在一起。我没有他那么好的觉悟，只是想着这篇碎碎念要是能过多好，如果过了就可以用稿费买他的这本书了，当然没过的话我也有可能忍不住买来。

论挂羊头卖狗肉式搭讪的可行性

老实说，像咱这种人丑只能多读书、颜值不够靠耍宝来凑的存在，虽然一年到头出去玩的次数不少，但在旅途中被搭讪的机会却是屈指可数，以至于每每与好基友们闲扯时都觉得人生少了好多突如其来的乐趣，不由得对这个看脸的社会充满了绝望。

论挂羊头卖狗肉式搭讪的可行性

木各格

老实说，像咱这种人丑只能多读书、颜值不够靠耍宝来凑的存在，虽然一年到头出去玩的次数不少，但在旅途中被搭讪的机会却是屈指可数，以至于每每与好基友们闲扯时都觉得人生少了好多突如其来的乐趣，不由得对这个看脸的社会充满了绝望。

所以当我在飞往上海的航班上专心看书而突然有个声音在我耳边来了句"你看的是*The Moon and Sixpence*吗？"时，我真的是被结结实实地吓了一跳，惊吓的吓。随后抬头便看到个背着个斜挎包的男生微笑着站在我座位旁边，大概是我当时的表情戾气太重了还带着不加掩饰的不爽，于是那男生有些尴尬地扬了扬手中的登机牌又补充了句："不好意思我的座位在你旁边。"

我赶紧起身给他让出个过道，于是那哥们儿快速放好行李坐到自己的座位上，然后转头继续开口道："我比较喜欢毛姆的《刀锋》，但是《月亮和六便士》似乎更受人追捧，英文版我也看过，不过我觉得××出版社再版的由×××翻译的版本也很不错……"

我诧异地看了他一眼，觉得这哥们儿自来熟得有点过了，而我并不是很喜欢在看书的时候被打断，特别是陌生人。更何况我就是因为之前看了他说的那个版本觉得翻译得实在是有些奇怪所以才转战英文版的，因此我觉得我俩估计不能愉快地聊下去，毕竟道不同嘛。

为了能够尽快结束这种单方面的谈话模式，我礼貌性地回了一句："我这人读书少，就是随大流随便翻翻装个样子而已其实了解得不多。"

根据我心中构想的剧本，那哥们儿应该会略带鄙夷地看我一眼，心里寻思着跟我这种文盲聊书实在是对牛弹琴，于是客套几句后便不再说话了。

可惜我俩显然不在同一个片场，那男生听我那么一说更来劲儿了，马不停蹄地给我介绍他读过的各种古今中外书籍，还不忘告诉我年轻人要多读书啊做个有内涵的人。在他滔滔不绝说了二十分钟后，我实在是听不下去了，于是很没礼貌地掏出耳塞，戴上眼罩，睡觉。

这种打着搭讪的幌子来突显自己阅读量的行为实在是太没诚意了，差评！不过，这还不算我遇到的最糟糕的，更伤人的还在后头呢，听咱慢慢道来。

话说那年暑假，我心血来潮每天跟某易去剑道馆学习砍人（稻草人），有一天突然发现有个男生一直往我这瞄，一开始我还以为他是看上某易又不好意思那么直接盯着她（毕竟这姑娘颜值高呀），但之后第二天如此，第三天依旧如此。这样持续了将近五天后，我实在是被盯得发毛了，于是趁着休息的时候扛着竹刀走到那男生面前，目不转睛地盯着他。

那男生显然没想到咱是个如此直接的糙汉子，耳朵唰地一下子就红了，过了好一会儿，我看见他抿了抿嘴唇，像下了很大决心似的对我开口说道："以前没见过你呀，初学者吗？"

"是啊，刚入门。"

"看你出剑倒是很果断啊。"

"练习嘛，比较无压力。"

"感觉你挺有天赋的，多加练习一定会有所收获。"

"哪能啊，我就是玩票儿，上不了台面的。"就我这种"酱油党"，要是这话让某易听到了一定笑倒在地啊。

　　"那个……能问你个事儿吗？"那哥们儿深吸了口气，一本正经地看着我，一瞬间我都怀疑自己耳朵有点发烫了。

　　"什么事？"

　　"那个经常跟你一起练习的女生是你朋友吗？"

　　"是。"

　　"她有男朋友了吗？"

　　"……"

　　"你能不能把她的联系方式……"

　　"不能，她已经有女朋友了。"我冲男生微微一笑，回答得干脆利落。然后在他惊诧的目光下，走到某易身边，右手抬起她的下巴，回头挑衅地看了那男生一眼后，果断在某易脸上亲了一口。

　　然后在心里默默地回了句："替我问候你主治大夫。"

紫荆花开

小妖寂寂

你们的少年时代，有没有试过反复地遇到同样的梦境？

那时候，刚从县城回到小镇上的我，经常会在梦里的一片笑声中醒来。睁开双眼，有时候，窗外星辰闪烁，有时候，窗外晨光熹微。我被这梦里的笑声困扰已久，醒来后，除了无声地哭泣，别无其他发泄的方法。

在新学校里，我没有一个朋友。十四五岁的青春年纪，我心里平静得像一面湖，无论看谁都是波澜不惊。而我唯一的兴致，是每天放学后，到校园北边的角落去待上一会儿。那里有一棵高大的紫荆花树，我在树下时而静坐，时而行走，偶尔，我也会轻轻唱起歌来。我最喜欢看风吹过来时，大片大片紫色花儿纷纷扬扬落下来，它们盛大如同我的心事，势不可挡。

我沉浸在自己的寂寞里，如此的用心，以至于不曾发现竟有位少年，一直站在不远的矮墙处，驻足观望了我好几天。

当我的目光终于触及他痴痴的眼神时，他微微地红了脸。而当他朝着我走过来，我的心跳变得异常清晰……从此每天放学，他都先我一步等在紫荆树下，绯红的脸上有暖暖的微笑。于是我们渐渐熟络，开始无话不谈。

少年说，我站在那边，看了你好多天。不知是我疯了，还是这些花儿疯了，你在唱歌的时候，我竟然能听到花开的声音，而你落泪的时候，我似乎又听见花落的叹息。你能不能告诉我，你身上有着什么样的故事？

我捡起脚旁的一朵紫荆花儿，开始了悠悠诉说。

家里生意失败后，父母被迫外出打工，外婆把弟弟接回了乡下，我被送到小镇念初中，寄居在大伯家。我内心并不愿意接受这样的分离，只能用力把自己塞进一个安静的套子里，安静着，能让我感到安全一点。我小心翼翼地把那些思念藏在心底，它们却在梦里跑出来，那些过往的笑声于是变成了我成长中的噩梦。

听完了我的诉说，他站起来，拍拍身上的泥土，来吧，我带你去一个地方。

我坐在他的自行车后，他载着我径直驶进风里。我们穿过意兴阑珊的闹市，穿过蜿蜒曲折的小巷，来到一处像是公园的地方。这里有一棵挨着一棵的紫荆花树，树上树下，紫色的花儿深情地簇拥着，连绵在一起。少年吹起了口琴，悠扬的琴声中，我内心的悲凉逐渐退去，慢慢恢复平稳。

从此，我们常常约在一起去看花，捡花。我教他晒花，保存花。我们也一起复习功课，他给我讲解怪异缭乱的数学，我则拿起英语课本纠正他的发音。累了的时候，我轻轻地哼起歌来，他在旁边用口琴伴奏。

在他的陪伴下，我学会了在岁月静好中平静等待与亲人的重逢。

那个周末，公园的紫荆树下不见他身影，我等了很久很久，最后等到的却是他托人带来的一封信。信上说，他父母工作调动，他要离开小镇，到遥远的北方城市去。他知道我不喜欢分离，所以一直不忍心告诉我，直到出门的前一刻才写了这封信。我用力地攥紧了信封里的口琴，内心翻腾出一种莫名的情绪，涌进眼眶，滚烫的泪水滑落下来。

我朝车站飞奔而去，我要告诉他，我不再如往日一样无法接受分离，我会勇敢地接受，我更会珍惜每一秒相见的时间。赶到车站，终究还是晚了一步。空荡荡的候车室里，我一眼就认出了小黑板上他的字迹：世间最美好的相遇叫久别重逢。

嗯，我等你。

感谢那些怎么也喜欢不起来的人

画　眠

　　最近我一个朋友，和室友了闹了矛盾，就干脆来和我一起约着复习还有吃饭。她准备考BEC，我准备考证券从业。于是，在很多个夜晚，我们都坐在办公室长桌的两头，她戴着耳机刷听力，我咬牙切齿地低声背着公司法、证券法、基金法。然后一直到寝室快要关门的时候，我们才一边互相吐槽今晚的学习成果，一边抱着书回寝室睡觉。

　　她是一个勤奋且善解人意的女孩子，从我认识她的时候就是这样。她会在我生理周期时贴心地泡玫瑰水给我，会在一起办完一场什么活动之后跟大家说辛苦啦然后掏钱买饮料给大家喝，还时不时拿个奖学金什么的。但是她跟她室友闹矛盾的时间却很长。偶尔她也跟我吐槽，说学校查违章电器，查到了室友的卷发棒，因为她不在寝室，室友就偷偷上报了她的名字。还有比如早上起床，室友不小心摔碎了玻璃杯，却只打扫了她自己位置上的玻璃碴。她下床一脚踩到玻璃碴上，钻心的疼。这样的事情还有很多。但她为了寝室的关系和谐，一直隐忍。到现在，她终于发现自己无论如何都没法强迫自己和那样的人和谐相处成为朋友，于是干脆避开，反而少了许多烦恼，多了很多自我思考的时间。过了一段时间后，她发了一条朋友圈，说，你不得不感谢那些你怎么也喜欢不起来的人，是他们让你更清楚内心的方向。

　　我曾经相信这样一句话："如果在几个人中，你和一个人合不来，也许是别人的问题，但如果你被其他人孤立，那么一定是你自己的问题。"我想她可能也是这么想的吧，所以才会一直忍耐，和室友表面平和地相处下去。

其实，我也遭遇着类似的寝室问题。比如，在寝室的时候，室友不管做什么，从来不戴耳机；冬天寝室断电，就玩儿到断电；夏天寝室通宵供电，就吵吵闹闹到一两点。我之前为了寝室和谐，常常半夜里被闹醒，就算一个人躲在被窝里偷偷地哭也不好意思说上一句"安静点"。但是时间长了，我发现，累积下来被我憋着的矛盾，会在我的心里越来越枝繁叶茂。我在想，融不进一个小团体，真的就是我的问题吗？

于是我试着不再勉强自己融入她们。白天上课，晚上就在办公室复习功课到快熄灯才回寝室。打开寝室门，里边依然是三个人看剧和玩游戏开语音的声音。我仿佛变成了寝室里的透明人。她们约着三人一起吃饭，一起周末进城买东西。没人和我说话，没人来问我"哎，你要不要一起去"？甚至，校园里碰到了，都不会打招呼。一开始我有些难过——我在自责啊。一个人被其他人孤立，一定是这个人的问题。但是时间越长，这种难过越淡，内心里反而还会有一种很平静的感觉。平静地准备着我的考试，背着我每一天计划要背的单词，平静地做好自己的每一件事。我想我只是弄明白了一句话——"圈子不同，就别硬融"。确实是那些我怎么也喜欢不起来的人，是他们让我更清楚内心的方向，让我知道我自己是哪一类人，将要做什么。

事实上，很多事情都没有对错。遇到了是缘分，处不来，就顺其自然吧。因为你不能去改变别人，但你能把握自己。很多时候不需要你去委曲求全去维护一段感情——那些真正和你一路的人，是不会半路扔下你，也不需要你紧赶慢赶追寻他的脚步。他们会理解你，会祝福你。而在这条路上，能给你内心带来充实的，只有你自己。

坚强是学不会的

蒋一初

蒋一初，就读于上海戏剧学院戏文系，写文章是家常便饭。不怕吃苦，但畏惧灵感枯竭。我在走过的时间里捡拾闪闪发光的记忆，每段记忆的载体都是一躯鲜活的生命。我用他们讲故事，讲我的故事，讲他的故事，或许也是你的故事。

第一节剧本元素训练课，老师给的关键词是"家庭"，他要求同学们叙述自己的家庭。打开突破口总是艰难的，但一旦打开，洪水般的情感宣泄像机关枪一样扫射在每个人的身上，没有切身感受过，却能感受切身的疼痛。听完一个又一个叙述，好多同学都开始擦眼泪，几乎所有人的家庭都是不幸福的。

子木坐在我旁边，她举手示意老师。子木的故事在进校前我有些了解，所以当她主动要求聊聊自己的家时，我是为她担心的，我怕她会哭出来。子木的父亲在她初二的时候去世了，在很短的时间内就走了，尽管极力想要活下来，但还是病得太重，无力回天。子木在叙述的过程中语气平缓，提了很多次她与父亲在山丘上骑自行车的场景，一起一落地前进着，永远没有尽头才好。其间，教室里频频发出拿纸巾擦眼泪、擤鼻涕的声音，子木淡然地说完了最后一个字，似乎这件事情不能再对她产生波澜。我以为子木会像鸡汤文中写的一样扬起嘴角大喊坚强，接触后才发现，生活远比文章残忍。

子木是我的室友，她从不午睡，白天睡觉噩梦会来得又急又凶，深陷在梦魇中怎么挣扎都醒不过来，醒来后才发现整个躯体还留在了梦中，那种孤独、绝望的感觉让她再也不敢午睡。子木的父亲在家里去世，弥留之际，子木在父亲的身边守着，因为极度缺氧，父亲的嘴张得老大，是正常人达不到的限度。紧接着，瞳孔放大，里面倒映着对死亡的恐惧。白色的布把父亲整个盖住，子木的母亲在客厅招待宾客，子木独自在房间里守着父亲，她看到尸斑渗透白布，慢慢地，越来越多。

父亲去世后的那段日子，子木频繁地做着噩梦，怕黑、怕静。她的脾气变得不好，总是哭，考试考不好哭、衣服弄坏了哭、肚子饿了也哭，哭泣似乎是她能做的抵抗恐惧唯一的事，她从没有提过坚强二字，太假了。

距离父亲去世已经很多年了，但子木还是爱哭，她从不隐忍，都是嚎啕大哭，把自己所有的负面情绪都释放出来，佯装坚强太痛苦了。子木就像一朵娇嫩的玫瑰花，要用玻璃罩子罩住抵挡大风侵蚀，还要每天浇水，悉心呵护。她学不会坚强，也没有办法拥有那么强大的自愈功能，与其学着坚强起来，还不如让别人看到这般软弱的自己，这才是最真实的自己。

子木会写一手清新的文章，每句话串上音律便能成为一首能让人唇齿间渗着芬芳的歌。经历不是自己能够选择的，但心境可以，子木选择让自己不那么坚强，想哭就大声地哭，正是因为拥有小女孩儿的心思，才不会写出生硬冰冷的文字。

这些年看过好多鸡汤文，坚强是个不得不提的话题。总有人能杜撰出学会坚强的各种方式，学会坚强看上去神圣无比，但总是有太多软弱支撑着的，愈来愈软弱，但看上去越来越坚强。认识了子木以后才知道，原来好哭也是一件可爱的事情，并不是所有的坚强都抵得过瑟瑟发抖。如果疼，那就暴露出来，不然谁会帮你疗伤？

涂上咖啡，喝掉口红

衔 猫

我从噩梦中醒来，发现自己饿得头昏脑涨。我走到街上找啊找，看到一家肯德基，站在点餐台的那个男生一脸倦怠，告诉我土豆泥没有了。

这让我感到愤怒，然后是有点疲惫。突然又快乐起来，想要从这座连土豆泥都没有的城市消失。于是我买了张机票，在台风过境后抵达一座陌生的城市，汕头。从机场走出来，某种梦游的夜色一直在我身边逗留不去。马路上的灯光太暗，肩上的绿色书包太沉，出租车司机在马路上抽着烟，熟练地和刚抵达这座城市的人讨价还价。

人和车都在渐渐远去，有目的地的人不会停留太久的。

只剩下我和另一个女孩了，她价钱一直谈不拢。她靠近我，问我要去哪里。看来是想和我拼车。我飞快地思考了一下，跟她一起上了车，到达她的目的地。闲聊时发现，她是来这里看玉石的，我们都是从上海飞过来，都准备在这里停留两三天，下一站同样是深圳。我们在车厢内看着对方的眼睛不约而同笑起来，约好一起坐车去深圳。遇到她让我觉得就算是流落在一座坐车不打表的城市也没什么大不了的。

一起找了家酒店，住进相邻的两个房间，她跟我道晚安。房门一关，我卸下书包，踢掉鞋子，手机扔到床上，帽子丢到地上，空调调到最低，把自己摔到床上。不打算问自己任何问题，只想陷进柔软的棉被里醉生梦死。半夜醒了一次，搞不清楚自己是被空调的轰鸣声吵醒的还是渴醒的，赤脚走到窗台喝了杯水，站在十七楼的房间看了这座沉睡中的城市一眼，马路上传来汽车呼啸而过的声音。我看到桌子上有一台固定电话，就开始想着给谁打个电话，还没想到就又睡着了。早上拼车女孩儿来敲了两次门，第一次没把我敲醒，第二次她告诉我，酒店斜对面就有吃早餐的地方，她不太喜欢这个房间所以换了一个在十五楼。她建议我也去换一下，并提醒我出门要带伞。

但实际上我一整天没有出门。我涂了个口红，叫了杯咖啡。想起来的时候下去要求换房间，两个小时后再次下去，要求换回来。

"你对房间有什么要求吗？"前台的男生问。

"没有。我想换回之前那间。"

"可是早上你才说那个房间空调太吵。"

"我习惯了。"

昨晚那台空调的轰鸣声吵得你睡不着，今晚轰鸣声的缺席同样使你睡不着。它变成了摇滚乐，变成了催眠曲，变成了荒芜梦境的回音，变成了你新认识的老友。这种事情时有发生，正如你刚涂完口红就饮冰，咖啡喝了两口觉得苦涩放在一边忘记加糖，打开电视却拿手机玩游戏。也许我们不断变换的需求才是我们与这个世界保持热恋的秘密。

当我回到前一个房间，再也没见到提醒我出门要带伞的那个女孩儿了。我不知道她的号码，不知道她的名字，不知道她的门牌号。我们约好一起去深圳，却轻易走失在人海里。即使住在同一家酒店都难以遇见，每次走过长得似乎看不到尽头的走廊我都心生恐惧，每一个房间门同样礼貌而疏离的表情仿佛洞悉了异乡人的孤独。

问了几次路，才走到可以买到车票的地方。走在一条很破败的公路上，由于下过雨变得坑坑洼洼。马路上很多摩托车和电动车，我拦下一个开着电动车的男人，他很耐心地为我指路。这个地方叫做玉都，一整条街都是珠宝玉石，卖着这些昂贵饰物的很多店铺却装修潦草，店面老旧。拐进一条街巷打包了一份虾粥，听到当地人用潮汕话很大声聊着天，爽朗地大笑，粥香袅袅飘来。热闹，鲜活，温暖的市井气息。

我终于来到一个地方，没有朋友，没有目的。随心所欲，自由自在。涂上咖啡，喝掉口红。十分孤独，十分幸福。

你 真 美

小 烨

同学说，每天天还没亮的时候，走在路上最让人感动的是，看到环卫工人在大街上，扫出了一身汗。那个时候，我真的觉得，他们是超级美的。

我点点头，可以想象那是一个怎样美的画面了。

我也是这样的人，会在某一个瞬间，觉得某个人，会超级美的。

或者校园女生被风微微吹起来的头发，或者一个胖子一直呐喊地奔跑在校园的操场上，或者，自己在教室里面，从中午坐到晚上还是不敢把笔停下来的模样。

我想，美是有超级多种定义的。

时间可以让一个人，从颜值巅峰，再到气质的沉淀，美，有各种不同的定义。

哪种才是真正的美呢？

姑娘，我觉得你笑起来的模样真美，像天使一样，虽然我没见过天使，不过，可以想象出来。

最简单的东西是想象，因为别人不知道自己想的是什么；最困难的东西也是想象，因为自己不知道自己想的是什么。

你真美啊。

是外表的美？是心灵的美？还是其他的美呢？

你想，自己应该都有吧。

当你维持不下去这种表面的时候，自己为什么而美，当然是别人的注意啰。

炒作、热搜什么的，从来没有间断，关注过超级多的公众号，娱乐圈有什么大事情，公众号的文章就变成千篇一律了。

不改变，不美。

对着屏幕久了，真的是审美疲劳的，眼睛会觉得很累。当你没有目标的时候，你可以把你的书桌、墙壁看出一个洞来。

我想，你真的是缺少一双发现美的眼睛。

我在洗衣服的时候，看着堆积起来的泡泡，都觉得里面有七彩的颜色。

路边的小狗跟小孩子玩耍的时候，他们的快乐感染了整个世界。

我努力完成一张试卷后，对未来梦想充满了绝对的憧憬。

别人可以影响你的思维和你的价值观念，但别人绝对不能左右你的思维和价值观点。

如果你发现不了美，是你的问题。

我愿意放下手机，把窗外的风景放在我的眼睛里。眼睛，是心灵的窗户，只有把这种美丽的风景装在窗户里，才是真的心灵的窗户。

姑娘，你不要自卑。

如果你努力生活，对生活充满爱，你善良、坚强、独立，那么，你真的是一位很美的姑娘。

不用在意别人的眼光，因为那是无关紧要的东西。

你的努力，不是为了成为别人为你规划好的自己，按照自己的内心，遵从自己的内心去生活。

加油，总有一天，你会在高空飞翔，那些曾经诋毁你的人，只能在低低的地面上，看着你美丽的姿态，而无可奈何。

你就是你，那个最美的你。

无需改变。

带你去饮茶呀

海豚同学

我唯独在两件事上不能将就：吃和学习。这两件事都是外物进入你身体里的重要方式，认真对待它们显得尤为重要。当然，吃还是排在第一位的。

高中的暑假，认为最舒服的事情就是傍晚躺在沙发上吃着一份米线外卖，就着电视剧里的精彩剧情，大汗淋漓，咬一口西瓜，摸着圆滚滚的肚皮满意地打一个嗝儿。每天吃着外卖也不嫌腻，在日复一日的满足中，夏天呼啦啦地就过去了。

然而上大学后，我却奇迹般养成了不吃外卖的习惯。"会吃"是广东人教给我有关品味美食的秘诀。初次在广东喝早茶时，虽听过广东早茶种类丰富，自成一种文化，但对着面前摆着的一盘盘不见辣不见油的点心，还是恹恹地提不起胃口。朋友在旁边劝着，你试一口呀就一口。

我半信半疑夹起一只虾饺，面皮晶莹剔透，里面泛红的虾仁隐约可见，没有酱汁，一口咬下去尽是虾仁本身的鲜美和面皮的清甜。嘴里都是虾仁只能在心里惊呼：原来，食物本身的味道可以这么鲜美。

流沙包一直被我评为早茶点心中的小公主。咸蛋黄和牛奶做成的馅，金黄的面皮，一屉三个，上来时还是冒着热气的，趁着热也能不怕烫手地拿起来，小心翼翼地咬一个边，看着冒着热气的流沙馅儿流出来，再满足地咬上一口。肠粉就更是神奇啦，看似普通的面浆加上鸡蛋蔬菜和虾仁，高温凝固成粉，浇上酱油，居然能把面的清甜、虾的鲜美和蔬菜的新鲜混合在一起。像极了南方姑娘，看似平淡无常但总能给你惊喜。

我喜欢精致的食物和他们好听的名字，也曾一度痴迷于淮扬菜：赤豆小元宵，桂花糯米藕，酒酿青梅，用这些似乎就可以在脑海里上演一段侠肝义胆的江湖故事。但早茶点心与淮扬菜不同，它也甜，也精致，但经过用心的煲和耐心的干蒸，少了淮扬菜里一份江南的婉约，多了一份可以融入现代世界的干练。

离家千里，不如意事十之八九。在各种网络媒体狂轰滥炸地告诉你，"美食拥有强大的治愈力量"时，我却爱反其道而行之。食物都是有感情的呀，美食更是凝固着制作者的期待和用心，应该是要被认真对待的。

生气难过时的怒气化成了对美食的报复和浪费，它们被不停地送进你的食道安慰着你的胃，给你所谓的安全感。那它们本身呢，它们本身凝固的鲜美被忽视，多么可惜啊！

要见许久不见的朋友时，我们才会约去喝早茶。早九点半见面，点一壶普洱，旁边的炉子上的开水烧得滚烫，茶具被开水浸过有着暖暖的温度，粥、点心、肠粉、糖水一道道地摆上来，身边是老广的阿婆阿公的粤语声，和朋友聊着许久不见的时光里各自的成长。一眨眼，就到了下午一点。美食和美好的心情都没有被辜负。

是什么时候开始意识到早茶的魅力呢？大概是学会了用节制的心情对待美好的食物，又或者是，现在身处另一个城市就已经开始想念每一个有肠粉的早晨啦！

天井上的星星

洪啸林

奶奶是很爱很爱爷爷的，所以尽管在爷爷已经去世了十几年之后，奶奶还是无时不刻地惦念着他。有时候奶奶坐着坐着，就会轻声地哭起来。

那时候还小，见奶奶哭，我就拿来纸巾，一边帮她擦去脸边的泪水，一边轻声地安抚她说："别哭了。"

如果被问看到童年这个词后第一个想到的人是谁的话，这个人当然就是我的奶奶。

小时候爸爸妈妈工作忙，我搬去和奶奶一起住，住的地方是一个小院子，因为院子上方有个长方形的大天井，再加上院子里摆满了各种各样的植物，所以空气很清新，特别是在雨后。

雨后院子里积满的雨水会让我特别兴奋，我甩掉拖鞋，直接就跳进水里嬉戏。一次大雨之后，我竟然在院子的积水中看到了两条小鱼！

奶奶总会在一旁跟我说："别玩水，小心生病。"而我却摆摆手跟奶奶说："哪会这么容易就生病啊？"俗话说不听老人言，吃亏在眼前，我真的因为泡在雨水里太久，当晚便发了高烧。

也不知为什么，我总是对发烧那件事情记忆犹新。当时是半夜，我难受得睡不着，感觉浑身烫得难受，胸口闷得透不过气，最后实在忍不住就摇醒奶奶。

奶奶摸了摸我的额头，跟我说没事，让我先躺下，说完她就摸黑爬下床，当晚特别不巧地遇上停电，奶奶只得摸出抽屉里的手电筒，打开，借助着手电筒的光线，去弄了条湿毛巾给我敷在了额头上，我这才稍微舒服一些。

奶奶又拿了几片退烧药，把我扶起来，就着水给我喂下。我在床上重新躺下，她去抽屉里摸索出了一把扇子回来，然后坐在我旁边轻轻给我扇风。我闭上眼睛，难受的感觉逐渐褪去，渐渐安稳地沉睡过去。早上醒来的时候，我的烧已经完全退了。

在八十二岁那年，奶奶患上了老年痴呆症，失去了基本的自理能力，每天都坐在外面的椅子上晒太阳，精神恍惚。最让我难过的是，奶奶有时会忘记我是她的孙子，用一种陌生的目光看着我，问："你是谁？"我看着她说："奶奶，是我，你不认识我了吗？"她一听，立马会陷入漫长的思考当中。

我问过爸爸什么是老年痴呆症，他说就是一种让人忘掉身边的亲人甚至自己的病。我听完哑然，心里有一部分在那么一瞬间就空出了一个缺口，我忽然觉得很悲哀，世界上恐怕没有什么事情会比忘掉所有自己所爱的人更加悲哀！奶奶会忘了我，也会忘了爷爷。

得了老年痴呆症之后，奶奶仿佛一下子变老了很多，我虽然没有再和她一起住，可是我依旧会经常去陪她，她大部分时间都坐在院子的天井下面看星星，一副神志不清又若有所思的模样。

我会给奶奶煮地瓜粥，在以前都是她煮给我吃，现在换我煮给她吃。当给她喂粥的时候，我只要将汤勺伸到她嘴边，她就会乖乖地张口吃下。这样的画面会让我想起之前她喂我的场景，当时大概也是这样的吧，这么想，我不至于那么难过。

人总要学着找到各种各样的理由，去接受那些悲伤的事实。

转念一想，奶奶虽然去世了，但是至少她在另一个世界，终于和爷爷团聚了。

不知道的人翻山越岭，
知道的人轻车熟路

亚小诗

去年刚进入影视公司的时候，我是一枚行业小白。

入职的前几天，公司刚好有新剧要推出，是一部受众为少女的偶像剧。领导见我手头不忙，让我和另一位同事一起，整理出一份少女博主的广告价位表，当天下班前给他。

于是从上午十点开始，我厚着脸皮挨个儿给微博上的少女博主们发私信："你好……我是……我们的电视剧……它是一部……很适合推荐给……请问你的推广费用是……"

我发了一天的私信，只有很少人告诉了我价格，大部分的博主没有回应，准确说，是压根儿没有点开私信。我那时候很无助，觉得这些博主怎么都这么高冷呢？这份工作也太难了吧？

眼看不到一个小时就要下班了，我的表格里只有十几个人的信息，其中几位还是我私下的作者朋友。于是苦闷的我问了问跟我一起做这个任务的同事，问他搜集到了多少，能准时下班吗。他说上百个，中午已经发过去了。

一两个小时能搜集到上百个，他也太厉害了吧！我问他是怎么做到的。他说很简单啊，报价表格这种东西，行业内有现成的，在影视行业的微信群里发点儿小红包问一问，别人能私信发给你好几份，然后整合一下选出少女们喜欢的那些个，就OK了。

原来是这样，我还以为要一个个去问呢！原本很简单的事情，被啥也不懂的我弄得过于复杂。

刚开始租房的时候，一点儿头绪都没有，在租房网站上瞎逛，发现心仪的房源全都是中介发布的。中介费用不便宜啊，基本是半个月甚至一个月的房租，我自然是想省下这笔钱的。

于是傻头傻脑地，在心仪地段的几个小区里寻找公告栏，寻找各种外墙小广告，看到合适的租房启事就打电话去问，聊了几句，发现接电话的人还是中介。

一圈电话打下来，有点绝望，认为自己是不可能找到合适的私人房源了，无奈地放弃了寻找。最终，还是通过中介找了房子。

后来，跟一位租房多年的朋友聊天，他租房就不通过中介，一直是直接联系房主。我以为他是工作多年积累了人脉，托熟人找的房。他却说："哪要什么熟人，买几包烟就行了。"

他租房的时候，会去找心仪地段的小卖部老板，尤其是那种中老年的、热情健谈的女性老板，在店里买包烟就能聊出很多有用的讯息。

不仅如此，还能拿着刚买的烟，去找小区的门卫唠嗑儿，谁家有房出租，行情大概多少，甚至房东人品都能聊出来。

唔，居然还能这样，自己挑瞎眼睛，打遍电话都没能解决的问题，别人几包烟就搞定了。

为什么我们很辛苦却做不好一件事情？

就像考试答题一样，明明写了很多字，明明把字写得很工整漂亮，却依然没有别人一两句话拿的分数高？因为我们跑题了呀，跑题的话，写再多的字，把字写得再好看，都没有用的。

其实，很多问题，并不是能力的问题，也不是卖力的问题，而是方法的问题，方法错了，辛苦则是一种徒劳。

很多时候，我们误以为事情很难很麻烦，觉得是自己笨，是自己倒霉，甚至是自己不如别人，其实只是因为，我们不懂，我们不知道呀，在有方法的人面前，"难事"是轻而易举的。

不知道的人翻山越岭，知道的人轻车熟路。

作为涉世未深的年轻人，作为各种领域的小白，千万千万不要在受挫的时候否定自己，你其实只是不知道而已。这些方法，来自经验，来自沟通，或者来自个人探索，有些人很早就得到了，有些人要走很远才能得到。

珍惜每一个愿意跟你分享方法的人，他们让用蛮力生活的你步履轻盈。

论挂羊头卖狗肉式搭讪的可行性

你有"澡堂精神"吗

亚小诗

我有一个非常"老干部"的爱好——喜欢听相声。

觉得短时间里让观众进入剧情，接受一个个抖来的包袱，太考验演员演技和编剧功力了。相声是浓缩的生活百态，是鲜活的写作素材。

我曾在一个暴雨天走进一家相声会馆。那天上座率很低，十几排的座位，前两排都没坐满。

那天的第一个节目，逗哏是位老先生，他看到人很少，微笑着说："大家不要担心，不要担心人少我们不认真讲，做演员就好比是开澡堂的，不管来的是一个人还是一群人，都会是满满一池子水。"

老先生还解释了一下，为啥说都是一满池水呢？因为对澡堂老板而言，不能说来一个人就只放半池水，水只到膝盖洗不了。也不能说，来一群人就放一池多水，溢出来也不行。

接下来的表演，的确没有让人失望，紧凑的两个小时里笑声不断，五组相声演员个个口吐莲花，或幽默或犀利，手机那么好玩，我都全程懒得碰。

听过很多优美的比喻句，把人比作花草树木、季节天气，偏偏这个开澡堂的"俗气"比喻，让我难忘又欢喜。

反思过去的种种，觉得自己不太具备这种澡堂精神，甚至有时还会不理解他人的澡堂精神。

因为写作的缘故，我陆续认识了一些电台主播。

主播们会在自己的网络电台读我的文章，每次有主播来征询同意，我都会欣然答应，因为很多人不打招呼就念了甚至不署名。能联系我的，都是尊重作者的。

他们当中，有听众很多的知名主播，也有自娱自乐的小主播。

其中一位主播，是个在校大男孩儿，性格不知该说认真还是执拗，他读完文章发布前，一定要先发给我听，问有没有需要改善的地方，不满意的话他可以重新录制一遍。

刚开始我被他的细致打动，会抽出时间来听完并反馈，反馈完，他会再次录制，并再次发给我。

到了第二次，我开始有些不耐烦了，一段录音，问候加音乐加文章，时长几乎是半个小时，我得为这半个小时，停下手头所有的事情。而且，反馈后的录音还得听一次，这么一来二去的，一个小时就没了。

我去看过他的网络电台，收听人数只有几十个，那时候我感觉，这点儿听众，不至于让他认真成这样。于是，并没有点开音频的我，等待了一些时间后，直接回复了他："挺好的，没有什么要改的地方。"

第三次我依旧是这么做的，他大概是察觉出了我的敷衍，之后的日子里，渐渐地不再"麻烦"我了。

后来想想，觉得自己做得不太妥当。我可以因为忙碌而无暇听他的录音，可以直接跟他说我忙，但是不能因为他的听众太少而不想听他的录音，且谎称自己听过了。

明明别人做到了"澡堂精神"，对几十个听众，拿出了几十万听众的热情，而我却拘泥于他的规模，认为他过度认真。

很久没联系，甚至忘记他叫什么名字了，他这两年大概要参加工作了吧。不知那股子认真劲头还在不在，也许偶尔会不被理解甚至被周围人讨厌，但守住了的话，是宝藏啊。

不仅演员和主播，许多行业都应该要这样吧，面对受众、面对顾客、面对学生……无论是一个人还是一群人，态度应该是一样认真的。

论挂羊头卖狗肉式搭讪的可行性

不能人少就敷衍，人多就谄媚，毕竟在对方眼中，你面对多少人跟他无关，他面对的只是你，你的态度，跟他息息相关。

只有备好满池的水，才能对外应付自如，对内问心无愧，这就是澡堂精神吧。

城市里有那么多澡堂，好不容易客人走进了你这家，你不能说"你等等我，等我把空池子放满水"，没有人愿意等的，他们会出门选择另外一家。

另一家可能比你装修差，地段也没你好，但你只能输得心服口服，因为你在起身放水的时候，另一家已经准备好了。

希望你能保持满满一池水的热情，门可罗雀时不沮丧，高朋满座时不狂妄。

年少衣襟上，曾染山茶香

我知道我们之间的故事，终结于武汉到北京的距离。

我一点都不后悔喜欢过沈羽，那些在月光下浸泡很久的情绪，一直在我心里小声地提醒着我去努力成为一个更好的人。青春那么短，又那么好，好似一片握在手里尚未融化的雪花。趁着那一瞬，喜欢一个自己喜欢的人，做过一些绮丽的梦，是多么好的事情。

年少衣襟上，曾染山茶香

亦青舒

1

老周在学校里指着那个端庄娴静柔柔弱弱抱着一本厚厚的资料袋袋走过我们班门前的女生时，头是低着的，我从没见过他这么不好意思，好像前三十分钟还在食堂里跟我抢糖醋小排的那个禽兽忽然就被策反从良了似的，哦不对，也许是被外星人拐走了之后只留下一个可疑的替身——总之，我端详着眼前这个脸红得像二八少女的老周，觉得爱情果然是一件让人面目全非的东西。

老周刚想跳起来纠正我"面目全非"这个词在这里的错误用法，就被我毫不客气地扬起的休止符手势制止了。"就是她？"我嘴角带着促狭的笑容，手里扬着我的宝贝钢笔，一副指点山河舍我其谁的气概，"老周，你就是喜欢这种柔柔弱弱的小女子，狮子座的大男子主义到你这里就变成了柿子挑软的捏。你能不能找个有挑战性的啊我说？你多给狮子座丢脸啊！"老周被我一激，脸红羞涩的少男情怀瞬间全部跑到爪哇国去了，他拍案而起一声吼："老子才不要找你这种女汉子！一顿饭吃三两，还抢我的糖醋小排！"

前后左右一起笑翻。

女生似乎听到了什么动静，明明已经走到班级后门还是忍不住往里打量我们一眼。我迎着她的目光看过去，正面交换了一个眼神。鹅蛋脸，梳着整整齐齐的马尾，露出光洁的额头，神情似乎无辜，但明明眼角带着笑意，她瞟了一眼老周，瞟了一眼我。她身上的柔弱气质若不是被手里紧紧抓着的那本《王后雄化学学案》冲淡不少，估计也够让我感慨一句"我见犹怜何况老奴"了。我回头淡定自若向老周一笑："你们认识对吧？有戏。"

2

确实是有戏。纵然我自诩女汉子多年，但是比起心思缜密，我从来不输那些整日拿着台湾小言看得眼睛红红的女同学们。一个眼神里的故事已经足够让我写完一个续写加上一个番外了。我曾经成功预测过班里三对班对，从交往到分手，比八卦小报快了起码三天。老周惊呼我是神婆，对物理考67的我刮目相看。

自然这次也不会例外。

物理课继续上着，老头子讲着平抛运动，我一边做着徒劳无功的笔记，一边忍受着后桌老周狂踢着我的凳子腿。这小子仗着自己提前预习无障碍看懂高一物理竟敢如此欺负我等学渣，我忍无可忍却又一忍再忍，不过是惧于老头子的淫威不敢发作。小纸条已经扔了好几次了，不用展开我就知道上面一定是老周俊逸飘洒的笔迹，可怜巴巴地写着"求神婆详析"之类的话。老头子的目光好似扫雷，我嗅到空气中危险的味道，只有老周这个深陷情网的傻小子蠢而不自知。

"沈芙音，你来回答这个问题。"我心里千万头羊驼奔腾而过，果然每次中枪的都只有我。我慢腾腾地站起来，对着黑板上的题静静凝视，颇有"相看两不厌"的深情之状。

然后我就被老头子赶出去了。惹毛老头子毕竟也不是一日之功，欠着一个礼拜的物理作业都堆在办公室里铁证如山地控诉着我。我只能认栽，老老实实地收拾东西听从老头子安排滚去办公室里补我的物理练习册。

办公室里悄然无声，我推门进去，看见沈羽，顿时呆住，心里开始痛骂老周为什么要让我物理课被赶，否则也不至于在如此狼狈的情形之下撞见男神啊好吗！他看起来倒是很镇定："哦，我帮老师整理物理竞赛的名单还有样卷小题，所以就没去上体育课。你怎么啦？倒像是被谁骂过一顿了？"我脸上的衰相有如此明显吗？！我干笑一声，清清喉咙，张嘴准备编个瞎话。

"她被物理老头子赶出来的，过来补欠了俩礼拜的物理作业。"后面一个声音传过来，好似一记降龙掌击得我一口老血哇的一声全吐在心里。我回头瞪着老周，只恨眼神不能杀人。"你瞪我干什么？"老周憨厚无辜一笑，倒像是傻郭靖，"我求了老头子放我出来，辅导你功课来的。"

沈羽笑了，笑容明朗好似皓月当空，看得我迷醉，愿化作渺渺夜色之中的一汪清澈湖泊，静静倒映着清朗月色。

"芙音物理差也不是一两天的事了吧，别急，慢慢来总会好的。"他抱起一摞厚厚的物理样卷，手上的骨节清晰好看，"我先走啦。"他经过我时歉意一笑："今天忙，你认真做题，要是他不会的，尽管来问我。"老周笑着给了他一拳，像是给这个玩笑画了个句号。

我目送着沈羽的背影消失在办公室门口。窗外阳光正好，梧桐叶在习习风里撩出清音。鸽子飞过苍穹，后背的弧线很快化作碧青天色里一抹淡淡痕迹。

3

我没有猜错，老周和那个姑娘相识于校外补习班，同桌之后才发现原来是同校而且还是隔壁班级。"高一二班，尹菖蒲。"我凑过去，望着老周不知从哪里搞到的人家的校牌，相片上的姑娘嘴角带着温柔笑意。"我看见她昨天过来问你题了。"我撇撇嘴,马不停蹄地往嘴里塞红烧土豆片,趁着老周这傻小子还没清醒过来。

"神婆,你真觉得我们有戏吗?"老周脸带喜色和怀疑,看起来有点人格分裂。"她最近确实和我说很多话,我们周末也一起去了博物馆。""果然学霸。"我的嘴塞得好满。我已经帮老周打听清楚,尹菖蒲并非和我们一样在市里读的初中,她是从一个小镇里考上鹭中的。尹菖蒲成绩目前在年级段排名比老周稍稍落后,薄弱项恰好是化学和物理。

我心里不是没有怀疑,但是我也不愿意这样揣度一个十六岁女孩子的心意,这样的年纪里,大家心思都是单纯直白的。我宁愿相信尹菖蒲接近老周是因为被其优秀而吸引。也只有这样想,我才觉得对得起老周那黑脸上的可疑红晕。

"先慢慢相处吧,能碰见就算是缘分了,既然有缘分,就不会错过的。"我抹抹嘴,把餐巾纸扔在食堂桌子上,微笑着看着对面的老周,"你居然今天都没有和我抢红烧土豆肉丝,所以不诚恳地祝你恋爱顺利我心里真是太过意不去了。"

在老周暴怒之前我蹿出了食堂。

4

学期末我们文理分科,我果断告别老周投奔了文科,一丝眷恋也没有。他坐在我身后大骂我重色轻友,因为沈羽选的也是文科。我非常镇定地在写同学录,懒得理他州官放火的行径。他果然顺利追上了尹菖蒲,比预想之中还要顺利。两个人正是你侬我侬的时候,又一起择理,还都进了年级里最好的理科班。

我知道老周是真的喜欢尹菖蒲,在女朋友面前,他一改跟我夺食的丑恶嘴脸,每天骑着单车载她去各种口味的早餐店,谦和礼让;他每天晚上和尹菖蒲去行政楼那边的自习室一起自习,然后送她回家。我在马路上看见过他们结伴而行，尹菖蒲总是走在里侧，路口拐弯处，老周总伸出手护住她，直至车辆过去才放下。这是和老周认识以来我从未见过的样子，温柔谨慎，小心翼翼。原来温柔，果然是爱的本能啊。

甚至在分班之后，我偶尔得知老周和尹菖蒲恋情曝光，被班主任分头找去办公室。老周妈妈也来了学校，但所幸周妈妈通情达理，在班主任前应答妥当，回家找老周谈心。

老周告诉我，他就和妈妈说了一句话："我以后是要娶她的，所以我有分寸。"周妈妈便不再说什么了。我听得目瞪口呆，老周笑得猖狂得意。那个晚自习，老周走后我坐在窗边写着文综小卷，就忽然开始发起了长长的呆。窗外刚下过雨，七月的栀子在雨后散发清澈的香气。黄昏温柔得好似在山头打翻了一碗蜂蜜柚子茶，泼洒之处，把云朵染成暖暖的橙黄色。这样温柔的心情，在此之后再不曾有过了。

也就是那个黄昏，我忽然就明白，原来年少里的感情，赤忱天真，纯粹无瑕，仿佛一枝开得正好的山茶花，适合轻轻折下，别在洁白的衣襟上。

5

我和沈羽分在同一个文科班里。但是交集不多，他个子很高，坐在班里后排。常常被班主任拿来用作"前排后排与成绩好坏没有必然联系"的重要论据。因为高三之后来找班主任要求换座位的同学家长实在太多，但是沈羽这个论据确实经典。他在后排坐了一年半，就考了一年半的年级前五，从未失手。相比我的大跌大落，他看起来总是那么气定神闲。

交集不多还有一个原因。高二那年的圣诞我去广播站送稿子，沈羽是主播，我满心欢喜推开门，播音室里空空荡荡的，广播里兀自放着陈奕迅的《圣诞结》。我推开播音室的窗户，向下一望，看见不远处沈羽和一个女生并肩而行的背影。播音室视角实在很好，以我的角度看过去，他们的背影被夜色裁剪得非常好看。我就那么怔怔地看着，好像就能看到我这段悄然无声的暗恋终结的末路。

自此之后，我就一直躲着沈羽。

我确实是神婆，我对他人感情的症结能够一语道破，可是对我自己，却毫无办法。沈羽是很好的男生，可是我怎么就一直看不清他对我的那些好，不过是客套和礼貌呢？错把人家的温和当做温柔，这种事情想想就让我觉得丢脸。

丢脸的沈小姐只能咬着牙把那些荒唐的心情收拾收拾，然后埋头奋力狂奔在备战高考这条长路上，每天和九十分的数学死磕，和铺天盖地的文综知识点串烧对峙，然后在半夜十一点半后摁灭台灯。在黑暗里缓缓地爬上自己的床。柔软的棉被盖着我的时候最让我觉得委屈，皎洁月光透着我的窗静静地淌了一地，那些以为自己已经收拾好的情绪重新翻涌而出在心里煮成咕噜咕噜冒着泡的小粥。我睁着眼想着那些和深冬月色一样静默无声的心事，慢慢慢慢地，陷入睡眠。

6

还有一百天高考的时候，我听说老周和女朋友分手了。我听到这个消息的时候，心里其实并不奇怪。看着每个月贴出的年级大榜上，尹菖蒲的名次越来越前，直至最后她已经是长期踞于年级前三的女神学霸。在鹭中藏龙卧虎的理科班里，一个女生能做到这一步，真是令所有人都赞叹。老周虽然成绩也算不赖，但是相比这样一个耀眼的女友，无论如何都要稍稍逊色。

何况尹菖蒲异性缘极好，大榜前十的男生，都是她的男闺密。

文科班和理科班其实隔得不算近，自文理分班之后，我见尹菖蒲的次数少之又少。但是偶然的一次英语竞赛，我和她皆入围，一起去省里参加复赛。学校安排的大巴上，我看见她。其实她容貌没有大改，不过出落得更加落落大方，那种当年的羞怯之态已褪去，取而代之的是一种成功者独有的自信和淡淡的傲慢。

我知道她再不是老周的尹菖蒲。

夜晚留宿旅馆。女孩子聚在一起随意看着电视。热播剧是后宫宫斗剧《甄嬛传》。大家热议甄嬛，我也被闺密问起最喜欢哪个时期的她。我思索片刻，觉得那个初入皇宫对着皇帝一往情深的小女子最是单纯聪颖。伏卧郎膝上，何处不可怜。其楚楚之至，足可遥想。

而尹菖蒲脱口："我最喜欢自寺中重返宫廷的熹妃。"我一怔，望着尹菖蒲说不出话来。忽然明白，原来她心里，初恋不算重要，错过真爱也不算可惜，活着不过是要往高处走，手握权势，尽享成功，如此足矣。就像从小小县镇里来的她，最相信的不过是依靠自己和自己所能动用的资源，争取一条走向未来的更好的路。

我知道她走得很努力。

那一刻我觉得我真的没有办法对着眼前这个女孩儿做出一个恰当的评价，即便她甩了我的好朋友老周，我还是没办法用一个简单的对错来评价这段感情。每个人都有自己的选择，每个人都有做出选择的权利。

在结束复赛走出考场的那一瞬，我看见省会城市广袤的天空和不远处逶迤的丘峦，已不愿再揣测尹菖蒲究竟当初怀着什么样的心情去和老周在一起。他们遇见过，也一起成长过，凡有经历，必有所得，那么还有什么可遗憾的呢。

7

高考结束后我们一群老友出来一起喝酒。老周这家伙喝得最粗犷。志愿填报的结果其实已经出来，他要去四川——巴蜀之地，我以一个文科生的思维，认定了老周是还没从失恋阴影里走出来。

沈羽只是笑，他不是能喝的人，但那一次他面前的杯子一直没空过。将近尾声的时候他忽然抬头望着我，似乎有什么要说，结果终究还是什么也没有说。我笑望着他。他回以一笑，一仰头，举杯一饮而尽杯中酒。

我知道我们之间的故事，终结于武汉到北京的距离。

我一点都不后悔喜欢过沈羽，那些在月光下浸泡很久的情绪，一直在我心里小声地提醒着我去努力成为一个更好的人。青春那么短，又那么好，好似一片握在手里尚未融化的雪花。趁着那一瞬，喜欢一个自己喜欢的人，做过一些绮丽的梦，是多么好的事情。

8

后来我们没有在一起，但是谁都没有觉得遗憾。年少的诸多唏嘘好似一场午后梦回的感慨。我们继续往前走，努力勇敢去生活，直至某年某月我走在一处深深庭院里发怔，忽然就闻到栀子花的清浅香气。

我便明白了，原来后来那些少年，其实并没有就此消失在茫茫的人海，他们的白衬衫，在回忆里鼓满风，好似一只只白鸽。彼时的天真赤忱，依旧是那朵洁白的山茶花。

而你的衣襟上，沾染着我整个少年时代的芬芳。

063

你是我的一场岁月繁华

羽 沐

晚自习快要放学的时候，同桌突然问我说，你还记得自己的初恋吗？

我正在收拾卷子的手一顿，然后耸了耸肩说，忘记了，太久远了。

确实够久远的，但是没有久远到足以忘记。我至今仍然能想起那个少年打篮球时意气风发的模样以及骑单车时翻飞的衣角，它们和色彩斑斓的放学时光一起构成了我初中时代最旖旎的梦。只是因为太过幼稚，所以总是习惯性地不想被提及。

初中时候的爱与悸动总是来得没有征兆而又让人摸不着头脑，与其说成是初恋，还不如说成是一场无疾而终的暗恋更为妥帖。

似乎连我自己都忘记了什么时候喜欢上了他，又是什么时候开始关注他，关注他的一举一动、一颦一笑，甚至牢牢地记住了他食指上的那颗不起眼的痣。有些感情莫名其妙却又水到渠成，让人摸不着头脑。

不过既然要说故事，那么暂且称呼他为周好了。请原谅，称呼他的全名总是会让我莫名地难过。

其实刚开始，我对周还仅限于有好感这个阶段。

周是班里长得最高的男孩子了，在一群小豆丁中鹤立鸡群。初中那个年代，有些不同寻常的特征总是让人向往而又艳羡的事情，所以周总是很自信而又傲娇地把背挺得笔直。后来回忆起来，我总是在想，是不是我就是被他的那种气势所吸引，所以才会如此奋不顾身而又不自量力地投入一段感情在其中。

说自己不自量力并非是在暗自菲薄，因为那个时候的我还是个没长开的疯丫头，虽然现在我已经过了自己的十八岁生日，可是依旧顶着一张大众脸，那么你们一定能够想象得到当初的我有多么平凡了。现实不是偶像剧，王子不爱平凡而又不是那么聪明的灰姑娘，何况灰姑娘连水晶舞鞋都没有。

王子爱上的是正儿八经的公主——我班的班花。虽然初中的我们还都是一群稚气未脱的孩子，但是审美观点以及"有色眼镜"已经根深蒂固地驻扎在我们心上了，谁最好看谁最有人缘，总是我们这群孩子在课业之余最喜欢聊的八卦，没有之一。

显然，周就是男生里面最漂亮最受欢迎的，所以他选择了和他一样优秀而且在女生之中最漂亮的班花，无可厚非。就像酒精和水，总是能以任意比例互溶得难舍难分。而我和周，则更像是油和水，任凭你使劲搅拌都不会有丝毫的相互契合。

其实说白点，不过是我和周不是一个世界的人。有时候长相被我们分出三六九等的同时，等级与阶级也就随之显现出来了。就像资产阶级和平民阶级的区别。我们这些小老百姓对金字塔的顶端从来都只能望而却步。

但是周从来不是那种心高气傲的人，他愿意和我们小老百姓玩。他总是会在下课的时候和我们说一些很有趣的笑话，还会帮我们去楼下的超市买东西。在我眼中，那个时候的周，24K纯帅。不过显然，班花不是很愿意和我们玩，自然也不大愿意让周和我们玩。所以某天我不小心在暗处听到班花和周吼："你总跟那帮女生在一起干吗？自降身价！"

你们看，那时候才那么点儿，班花就能说出如此杀人于无形的话了。这让我想起了偶像剧里面的标准女配角，长着一张如花似玉的脸，说着如此尖酸刻薄的话。

当时班里关于周和班花的谣言已经沸沸扬扬人尽皆知了，在我们眼里早都默认了周和班花是一对。所以我在愤愤不平的同时也在心里合计着，完了，周以后肯定不会再和我们玩了。

这种认知让我很难过，因为这代表着我以后没有任何理由接近周了。想到这儿，我难过得想哭，甚至还想要买硫酸……

请原谅我作为一个心智还未成熟的小女生幼稚且强大的报复心理，而且你们放心，我也就是想想，胆子是一方面，更重要的是，周并没有听班花的话而疏远我们。

这让我在庆幸之余也多了几分幸灾乐祸，每次班花从我们身边过的时候我都会故意笑得很大声，甚至有一次还把胳膊搭在了周的肩膀上。班花咬牙切齿一定是恨不得分分钟撕了我泄愤。

身边的几个姐妹终于看出了端倪，在某天中午放学的时候把我拉到操场上严刑逼供，问我是不是喜欢周。太阳火辣辣地直射我的皮肤，额头、后背都浮起一层细密的汗。好在我机灵，当机立断地把班花对周说不让他和我们玩的话告诉她们，并再三强调说看不过去她这么嚣张才会故意表现得这么夸张的。

姐妹们果然深信不疑，在陪我一同鄙视了班花之余还请我吃了串雪糕。我乐得屁颠屁颠的。

从那以后我就有了后援团，周和我玩的时候姐妹们总是各种起哄。我觉得班花快要气炸了，所以尤为得意。

可是有个词叫做乐极生悲——周不和我们玩了。

每天下课他不再同我们讲玩笑话，我们叫他他也不搭理。我觉得他一定是厌烦我们了。所以那段时间，我的心情跌落到了谷底。我的几个姐妹也都一个个没精打采的。

后来不知道是谁提议说派个代表去找周谈谈，问问究竟是怎么一回事儿。好死不死地，我就被她们推举出来了。她们说，平时周对我最好。

为了这句话，我乐了好久，而且毫无怨言地就去找周。我记得当时周正在篮球场旁边的一棵树下坐着乘凉，刚打完球的他显然看起来帅气而又有男子汉气概。我忍住心里的小悸动，走上前去问他说："周，你为什么不和我们玩了？"

周看了我一眼，又把目光移开，然后淡淡地回复我说："哪有那么多为什么。"

我为他的淡漠咬了咬嘴唇，慌不择言地说："是不是班花又和你说不准和我们玩了！"

周的目光终于不再淡漠疏离，却变成了我最为惧怕的愤怒。他站起来和我对视，不，俯视着我说："又？这么说我们前阵子说的话你都听到了？所以你才故意每次都表现得那么夸张弄得现在全班都在传你喜欢我？"

周是何等的聪明，我不过是说漏了一个字，他就猜出了我所有的小心思。只是，他只猜中了一部分。

我是真的喜欢他的。

所以我扬起脸问他："那么，你不和我玩的原因就是因为别人说我喜欢你，所以你觉得丢人是吗？被这么平凡的我喜欢，是一件很丢人的事情吧？"

虽然那时候还很小，可是自尊心却早就强大到不可战胜了。周慌慌张张地同我否认说不是，只是不想彼此都尴尬。但他躲闪的眼神显然就是被我猜中了。

我什么都没说，转身走了。然后对所有人都三缄其口，连我的那群小姐妹们问我我都只是摇头，然后掉眼泪。

再然后，就没有然后了。

其实故事说到这里差不多就可以结局了，后来的事情就像是歌词里唱的那样，得不到的永远在躁动，被偏爱的都有恃无恐。我因为得不到，所以反而开始越来越注意他，注意他很多的小细节，然后牢牢记在心里。

总觉得这样，我就是和他在一起的了。哪怕不能站在他身边，起码，我也是最了解他的人。

他没再同我们玩，我也没再去打扰他。与其说是自尊，不如说成是自卑。看他和班花分分合合吵吵闹闹，我甚至都没勇气上前安慰他几句。

初中毕业的时候，全班掀起了签同学录的热潮，我把自己的同学录发给了全班，心里真正在乎的却只有那么一份。我只是没想到，他会亲自把同学录送到我手上，然后笑着和我说，中考加油。

而他的那张同学录留言板上，只有一句话——年少轻狂，请你原谅。

我懂，他这是为"觉得被我喜欢是件很丢人的事"而道歉的。

我扬起嘴角狠狠地笑，笑着笑着就开始流眼泪。好在班里的同学都为离别所感伤，所以我并没有让人怀疑。

再然后，就真的没有然后了。听说他去了省实验读高中，我们就断了联系。

后来在高中我也偷偷地谈过几场无疾而终的恋爱，平淡得毫无新意，分手时也没有丝毫的拖泥带水，甚至现在让我回忆我都难以回忆起和他们都说过什么做过什么。

唯独对周，我总是记忆犹新，哪怕就是那么几个片段，我也依然记得。

回忆至此戛然而止，晚自习也彻底结束。同桌收拾好书包向我道了句再见，似是无意般地哼唱着那首《董小姐》：

董小姐
你嘴角向下的时候很美
就像安和桥下
清澈的水

董小姐

我也是个复杂的动物

嘴上一句带过

心里却一直重复

　　我笑着拍了她的肩膀一下，收拾好自己的情绪，把它们又重新束之高阁，恢复我高冷的模样。

　　然后我也就成了没有故事的女同学。

南 岸 先 生

原 木

1

房间外，只有阿蛮姨浅浅的脚步声。

我五岁以后，几乎一直住在这个小小的阁楼里，是阿蛮姨带我长大的，她不肯告诉我她的名字，只是让我喊她作蛮姨，可是我硬生生地给她加了个字。因为我觉得"蛮姨"像一个更年期妇女的称呼，她明明就只有二十四岁而已。对于我改了称呼的这件事，阿蛮姨也只是温柔地一笑。

阿蛮姨很温柔，却很少和我说话。所以，到现在我都清楚地记得七年前她把我带回来的时候对我说的话，她说："木可，从现在开始，你就和我住在一起，我就是你的家人。""那我的家人呢？"我打断她的话，想要从眼前这个模样好看的她的嘴里得到答案。她摸摸我的头，"他们，不在了……不过没关系，以后我就是你的家人，你要忘掉不愉快的一切，和我开始新的生活。"

那一年，她十七岁，我七岁。听到家人的消息后，我没有哭，没有闹，只是沉默了一个月。她没有安慰我，没有和我说话，只是陪着我一起沉默。那一个月以后，我就真的开始学着忘记以前。不让以前的种种影响到我的生活，只是很多年后的今天，偶尔想起当年的那场大火心还是会隐隐作痛。

阿蛮姨的脚步声在门外停下，然后是掏钥匙的声音，我往窗外看，天已经黑了。我从床上跳下来，小跑到门边等阿蛮姨把门打开。

阿蛮姨把门轻轻推开。"阿蛮姨！"我甜甜地笑着喊她，她温柔地笑着对我说："下去吃饭。"然后轻轻地拉过我的手，让我走在她前面。我迫不及待地跑下楼去，等到阿蛮姨踩着阁楼的木质楼梯下来的时候，我早已在餐桌前坐下了。

"木可，你想不想以后有人可以陪着你，和你一起聊天，不用再像以前一样孤单了？"阿蛮姨轻轻地放下她手中的碗。

"嗯？"我停下了夹菜的动作，茫然地看着她。

"我的意思是，明天会有人来这里，和你一起……"她突然不知道怎么说才能表达出自己想要表达的意思。"好啊好啊！反正一个人也无聊嘛。"我说出这句话的时候阿蛮姨明显地松了口气，露出了淡淡的微笑。

2

阳光从我的窗户照进来，我伸出手，指缝之间透射出暖暖的光线。我想，外面的天气一定很好，可惜我不能出去，我只能透过这扇小小的窗户去看。

门被阿蛮姨推开："木可，这是海岸，他暂时来这里借住，你叫他海岸哥哥。"我往她身后看去，一个个子高高的男生从阿蛮姨的身边越过走了进来。他把书包放在了我的书桌上，坐在了我心爱的小熊靠椅上。

阿蛮姨把门轻轻关上，但是却没有锁。

"你叫什么名字？"乔海岸看着手里的书，头也不抬地问。我看看四周，确认他是在对我说话后才慢慢开口："我叫……南柯。"

"南柯?"他停顿了一下,"哦,知道了。"说完,他就安静地看他的书不说话了。我拉了拉我的小熊坐垫,企图坐得离他近一点。

他突然从椅子上起来,蹲在我的面前,眼睛一直看着我:"南柯,你几岁了?"

"十,十四。"不知道为什么,看着他我就发抖。他却不把我的紧张放在心里。

"哦,小孩子。"他轻轻笑,盘腿坐在了地板上。"那你多大?"尽管事实就如他所说的,可我还是不喜欢他说我是小孩子。"十八。"他起身坐回我的小熊靠椅去了,然后就什么也不说,只是安静地看着书。

我看着他的背影就在想,他是不是和我一样的孤单,只是用乐观来伪装自己。我没有再想下去,因为我已经睡着了,是靠在我浅蓝色被单的床头睡着的。我醒来的时候,房间里只有我和我那只小熊玩偶。

吃饭的时候我并没有问阿蛮姨乔海岸是什么时候走的,也没有问他明天还会不会来。

我听着水池里的水流进碗里的咕噜咕噜的声音,心里想的却是那个叫做乔海岸的人。我轻轻把水关上,听着我手里的碗碰撞发出的响声,和阿蛮姨缝纫机的声音。

我坐在我的小熊靠椅上,看着占了我大半张床的小熊玩偶。我想,我不能再叫它小熊了,我应该叫它大肥熊!

3

乔海岸每天都会准时来我的小阁楼。当然,也会准时离开。他不太忙的时候,会教我做题,我没有上过学,所以学起来很费劲,每次教会我一个题目,我都会看到他额头上密密麻麻的汗珠。但他通常都很忙。

乔海岸今天来得很早,他来的时候我还没有醒。他蹲在我的床前,用好听的声音喊我的名字。"南柯,南柯!"我睁开眼睛,看到他长长的睫毛。"赶快起来，我去给你做饭。"

我慢慢地起来，在床上坐了一会儿才缓过劲来。

我穿着我的蓝色睡衣跑下楼去，听到了厨房里煎蛋的声音。我靠在厨房的门边上，看到他头发不断地滴着小水滴，我才听到了屋外的雨声。

我从浴室拿了一块毛巾，踮着脚把毛巾盖到了他头上。"把头发擦干吧。"我看着锅里焦黄的鸡蛋，不停地咽着口水。他笑了笑，一手擦头发，另一只手在翻鸡蛋。"你口水要流进来了，要不要我去拿个盆帮你接着。"我尴尬地咽了咽口水。"有那么夸张嘛……"我红着脸转身走出了厨房，无聊地在餐桌前坐下。

我看着被他挤上番茄酱的两盘鸡蛋，和空空的餐桌。"就鸡蛋？""就鸡蛋！"他一脸爽快地解下了围裙。"不是说给我做饭吗？说好的饭呢？"我两手捶着桌面，以示我的不满。"哦，还有！"我看着他一脸兴奋地跑进厨房，不禁感叹："终于有吃的了。"可是事实告诉我，不能对乔海岸抱有太大的希望。

当我看到乔海岸端出两碗面条走出来的时候，我好像看到了他满头的黑线。

"有辣椒吗？"

"……"

"有盐吗？"

"……"

"有酱油吗？"

"……这是你家！"

4

阿蛮姨连续一个月都一大早出去很晚回来，而我，就有了理由和乔海岸，我的南岸先生有更多相处的时间。

"南柯，南柯！快起了。"

"南柯，我今天带你去爬山，再不起来我就自己去了。"

"呀，南柯，你床上有虫子，还有老鼠！"我腾地一下从床上坐起来，看到他抱着手臂，跷着腿悠然地坐在我心爱的小熊靠椅上。"起啦？起了就快穿衣服。等下好出发！"我扭头看了看窗外，黑乎乎的，我拿过闹钟，时针指着4，分针指着10。"……四点五十……乔海岸你干吗呀！这么早……啊呸，这么晚，你喊我起来干吗！"

"去爬山呀！"他贼笑着从椅子上起来了，抱着手臂看也没看我一眼就出了我的房间。"赶快穿衣服，我在楼下等你。对了，你要是不赶快起我就直接把虫子扔你被子里。"

结果是我死不情愿地穿上衣服和他大早上，啊呸，大晚上的去爬山。

但事实证明，乔海岸带我出来那么早是正确的。我走到一半的时候就累瘫了，我坐在地上赖着不走，乔海岸没办法就把我背起来了。

他背了我一小半路程之后就开始满头大汗了，我看着他额头上的汗珠，从他背上跳了下来。"我现在不累了，可以自己走了。"我一溜烟地跑到了他的前面。"前面黑，你小心点儿，等我用电筒给你照照呀！"他跑在我后面，天挺黑的，我只看到他手里电筒的光和影影绰绰的影子。

快要到山顶的时候，天已经开始有一点微微亮了。"快点儿，到山顶差不多就可以看到日出了！"他一脸兴奋地看着我。"你那时候喊我起床，就为了带我来看日出？"我突然有点感动，至少，这证明他心里还是有我一点点的位置的。

我们到山顶还没来得及坐下的时候，乔海岸就一脸兴奋地对我喊："南柯！南柯！你看，日出！"我顺着他的目光看过去，温暖的阳光照在我们的脸上。"南柯就像日出一样！"他突然对着空旷的四周大喊，我也学着他的样子。"南岸先生就像棉被一样！""南岸先生？棉被？什么鬼？"他回过头来看着我，我只是笑着对他说："小孩子的世界你不懂啦！"他回过头去，我看着他的侧脸，阳光温柔地打在他的脸上，他笑得很开心，很开心。

"有时间的话，我想带你去一个地方。"他突然安静下来，看着我认真地说。

"去哪儿？"我看着他。

"青木河。"

"青木河？是哪里？"

"是，是我长大的地方，那里，很美很美，还有我养的一只猫，只是，我好久没照顾它了。"他又扭回头去，只是淡淡地笑着，但是，他的笑容却很幸福。

回家的路上我终于开口问他一个我一直以来都想问的问题："乔海岸，你会陪我多久？我的意思是，我想学习，你能一直教我吗？"

"能啊，我会一直教你，教你学习，教你做题。以后啊，你有不会的也可以随时找我，我随时出现。"

5

乔海岸失约了，他说他会一直教我做题，只要我找他，他就会出现。可是现在，他却不见了。

乔海岸三个月没有来，我什么也没问，什么也没说。只是用笔在我的墙壁上使劲地刻上了四个字——南岸先生。

乔海岸八个月没有来，我什么也没做。只是用笔在墙壁上使劲地刻上了四十九个四个字——南岸先生。

乔海岸一年三个月零七天没有消息，我什么也没有想。只是用笔在墙壁上刻上了九十七个四个字——南岸先生。

乔海岸两年九个月零二十四天不见，我的墙壁上有一百一十三个"南岸先生。"

……

年少衣襟上，曾染山茶香

6

南岸，南国之岸。

我原以为你会是我孤独尽头的彼岸，到头来，却不过只是南柯一梦。

乔海岸的离开，本就是早有预兆的，他给我起的名字，不过是在提醒我而已——南柯，南柯一梦，大梦初醒。而我给他起的名字，也不过是在提醒着他而已——南岸，南国之岸，远离尽头。

阿蛮姨摸着我发烧的额头说："丫头，你嘴里一直念叨的乔海岸是谁？"

我问阿蛮姨什么时候回来的，她摸摸我的额头："你累了，再睡一会儿吧！"

我听见她在门外和别人低声交谈："南柯的病最近越发严重了，她怎么会问我什么时候回来的呢……从带她回来到现在我寸步没离开过她身边啊……"

我看见床头一瓶瓶罐子里放着的药片，头脑一阵眩晕。

南岸先生是我在那个窄小的阁楼里除了阿蛮姨以外唯一认识的"陌生人"。

他的离开，就像那年大雁南飞——带走了我的希望。

我只想抱一抱小时候的自己

执 念

病症。孤独。勇敢。坚强。假装。臆想。

我只想抱一抱小时候的自己。

1

小时候，大约是四五岁，得过一种奇怪的病（至今都不知道那病叫什么）。但病重的记忆都随着那病淡去，四五岁以前的记事，却都没有。（后遗症？）而我所知晓的，都由母亲的口述而来，带有一种不可质疑的神圣意味。

四五岁的孩子，对世界有着强烈的好奇感。2004年，我们那儿的经济还不怎么发达。所有的小孩在无聊时都会聚集在一起，在某家人的空地上建造世界。他们构造着自己眼中的世界，单纯且快乐。

而我，每每这时，都会呆在阴冷潮湿的屋子里，和质朴的老钟一起，度过一个又一个漫长而又无聊的下午。我不能出去，奶奶在看着我。奶奶已经老了，她在反复穿一根针，绣一朵花，纳一双鞋。她窝在竹椅里，面容布满皱褶却慈祥，像掉在水里的纸巾。

有时候，奶奶会睡着，眼睑微闭。我便暂时从各个个人的游戏中退出，偷偷打开母亲的衣柜，悄悄拿出一件又一件五颜六色的衣裳。我喜欢它们的色彩，它们穿在身上摩挲皮肤的感觉，有种莫名的快乐。于是我后来所拥有的苍白记忆，皆是这种带有游戏性质的本能。背景皆为一个人。

病，尤其是这种不知由头的，在我们那个颇有迷信色彩的山沟沟里，皆视为可传染的。于是我被孤立，被封锁也是必然的。我并不觉得这是不公，因为，他们是面朝土地背朝天的农民。他们是靠天吃饭的人。

开始并无端倪，只是身体虚弱无力，常常厌恶进食。父母并不在意，农家孩子，得个病扛扛也就过去了。冬天身上燥热，我总是要把手伸出来，触碰一切冰凉的物体，这才感到舒服。

但是，那些病重到快要死去的记忆，全都消失了，像是不曾来过，可我依旧想要把它给找到。那是我身体曾承受的疼痛，那是我曾有过的微酸的幸福感。

2

我念书念得早，没有念过幼儿园。二年级时我大概七岁，矮矮的个子。

几天内，我得了怪病的事情如蝗虫般来势汹汹，焕发出一种不可思议的光辉。于是，理所当然地，小小的我一个人在校园的墙边拔草，寻找那些有生机的小虫子。这让我感到欢乐。上厕所时我选择最后去，厕所反而显得空旷。我也开始在纸上乱画，用拼音与图画，凑成句子，填满我一个人的时光。

然而，我失败了。

到家时我哭了，扑到母亲怀抱里，没有说话，小脸憋得通红，一个劲儿地哭。书包被扔到地上，只有两本书。因为没有人和我一起走，没人给我拿书包，我怕自己背不动只装两本书。这时，母亲抱起我，拍拍我的背。用她呵出的温气抚摸我的脸颊，用她有些粗糙的手紧紧攥住我对生的希望。

但是，在那个小小的我有些灰头土脸的时光里，我还不至于与人类毫无交流。他是景文。

我是在屋子里向外观望时发现他的。

屋子后面有一个窗户，很高，不大。窗户后面就是一块大空地，是小孩子游戏的绝佳场所。他们的嬉笑怒骂勾引着我，我急不可耐抓耳挠腮。终于，在一个依旧无聊的晴朗下午，我逮到了机会。

奶奶又睡着了，绣花针和布鞋全都掉到地上。我迅速搬来板凳，放在窗户下，踩上去，有些年老的木头发出吱吱呀呀的声响，踮起脚尖，向外观望。像是用尽了我一生的力气，去摘那五颜六色的世界。

可是，窗户那边突然伸出半个圆圆的小脑袋，大大的眼睛嵌着圆溜溜黑乎乎的眼珠。我惊讶极了。我们俩就这样一直对视着，模样奇怪又好玩。

然而，不久，他落下去了。"轰"的一声，窗户那边传来震耳欲聋的笑声。

还有人在尖叫着嘲笑，锐不可当，"你为什么要去看那个有病的女孩！"

我失落极了，不是因为他们说我有病，这是事实，我不怪他们。

我只是为那个男孩子，感到小小的失落。

我从板凳上跳下来，用抹布擦拭干净，放回原位。我不想让奶奶发现，否则她会骂我。奶奶骂我好像都是有气无力的，骂完她要咳嗽好多下，一下一下的，我感到自己眼泪都快出来了。

我盘坐在地上，开始在水泥地上画画，用很短很短的粉笔，是放学时我在讲台下捡的。白色，红色，黄色，绿色，蓝色，是糖果的颜色。

当我画得正起劲儿时，有人敲门。我不情愿地努努嘴，将粉笔小心翼翼地放进盒子里。爬起来，去开门。

是那个男孩儿，穿着干净的衬衫，生得白净，左眼角有一颗黑痣，不高的样子。

"请问你是那个得了病的马田田吗？"他两只手别在身后，极有礼貌。

"是。"我皱了眉头。

"我是孙景文。"他伸出了手，细细长长的胳膊。

"我有病你别和我玩。"我慌慌张张关了门，坐在地上，低着头。

眼泪不由自主掉在丑陋的胳膊与双手上，如同蚯蚓一般的纹路，让我想吐出虫子来。

窗户大开着，和光线一起挤进来的还有那些欢声笑语。

然而那个孙景文并不罢休。每当我沉浸在一个人的世界中，门外都会响起一阵急促的敲门声。打开门，只有几根蔫吧的野花或一根鸟毛躺在地上，有时候是一个令人费解的空鸟窝……

我很疑惑孙景文为什么这么幼稚，后来我明白了，他是觊觎我的……美貌？

那是放学的某个下午，我照例一个人最后走。收拾书包，走出教室，却发现有一个男生在外面站着，不说话。

"孙景文你怎么还不走？"我瞥了他一眼。依旧纤瘦，白白净净的，不像是农家的孩子，不过貌似比前几天高了不少。长那么快？

"马田田他们为什么讨厌你？"

"因为我有病啊。"我很坦然地回答。

"那他们也讨厌我啊，都不和我玩。"他的肩膀突然塌了下去。

我冷哼一声。

"你成绩那么好不嫉妒你才怪。"

他不说话了。

我有些过意不去，没走，看着他低下去的头。有着毛茸茸的短发。

短暂的沉默，他突然抬起头，再次伸出白净的手，"马田田，我们做朋友吧。"

我的恐惧溢满了眼睛，双手在口袋里插得更紧。

我跑了。

这是我第二次拒绝。

也是最后一次了。

3

奶奶去世那天我刚好升三年级。

大晴天，阳光慷慨普度众生。

我跟在出殡队伍的后面，一步一个跟跄，险些摔倒。巨大的哀乐声冲击着我的耳膜。我没哭，眼泪鼻涕却全都向外流，邋遢极了。我身边有许多人在哭，干哭，他们哭得都很难看。

奶奶被装在木头里，红色的漆被太阳晒得发亮。奶奶被人抬着走，她在木头里不哭不闹。

母亲拿着奶奶的针线和绣花鞋，她的步伐显得艰难而又沉重。母亲的哭很费力气，就像奶奶的咳嗽一样，一下一下，似乎要她全都倒在这。母亲瘦弱的肩膀在颤抖。

我们这群人穿着白色孝服，抬着奶奶，游走在天地间。

墓坑已经挖好了，新翻上来的土有些潮湿，堆在旁边，被晒得发白。

奶奶被放进去，连同奶奶倾其一生都没绣好的绣花鞋，漫天的黄土涌上来。

我跪在泥地上，看着装着奶奶的木头被掩埋。赶忙从口袋里抓出一小把五颜六色的、小小的、短短的粉笔，轻轻地放进了土里，拍了拍。

奶奶去世那天我刚好升三年级。

我的病好了。

奶奶死掉了。

后来，我不再是一个人。我会在老师的安排下带领同学们进行集体活动。我被选为班长。下课时我也会和同学们拥簇着去上厕所，一起去吃饭。

每天我都会背很多书回家，因为我背不动时有人帮我拿。

但是，孙景文不见了。那个白白净净，左眼角有一颗黑痣的男孩子，不见了。所有人都说他没有来过这，他不存在。

我不信。他明明想和我握手，想和我做朋友，还和我说话，怎么会不见了呢？

我不信。

我去了那扇窗户的后面，那是一条臭水沟，根本不可能有人站在那从窗户向里看。我捂住了嘴巴，面目扭曲变形。我不信。

我跪下来，头磕在潮湿的新土上，巨大的眼泪掉下来烧热了黄土。奶奶奶奶，你怎么走了。奶奶奶奶，景文怎么不见了。

4

十年过去了。孙景文依旧没有再出现。那个少年。

如今，我离开了小时候的那间房。听说，那扇窗也被糊住了。

只有在梦中，我才可以回到了那个漫长而又无聊的下午。奶奶已经睡着了，绣花鞋掉到地上，面容甜甜。我迅速搬来板凳，踩上去，年老的木头发出吱呀吱呀的声响，踮起脚尖，向外观望。

像是用尽了我一生的力气，去摘那五颜六色的世界。

可是，窗户那边突然伸出半个圆圆的小脑袋，大大的眼睛嵌着圆溜溜黑乎乎的眼珠。我惊讶极了。我们俩就这样一直对视着，模样奇怪又好玩。

我在努力地观望世界，他在世界那边观望我。

我听见那个少年在窗户那边轻轻说："嘘，跟我做朋友吧。"

病症。孤独。勇敢。坚强。假装。臆想。

我只想抱一抱小时候的自己。

后记：如今我十五岁，遇见的人不多。却再次遇见了孙景文。他高大，待人温和。可惜，他即将转校，我把我小时候的事情告诉了他。他低头，想了很久，笑了笑，说："命运会说谎吧。"我笑了。

小孙景文可能是年少的我的一种臆想，也可能是某个真实存在的邻家少年。对那个看着手心掌纹都觉得奢侈的自己来说，他的出现，的确救了我。

命运会说谎吧。

他孤独，但不颓废。他执着，他的衣领上永远有阳光。他是我想成为的缩影。我觉得，他一直在。

年少衣襟上，曾染山茶香

绿色便利贴女孩儿

Echo

读高一的时候，有一天轮到我打扫卫生，在清理抽屉里的纸时，我发现最后那张靠窗无人坐的课桌有一张绿色的便利贴。粘胶的地方有一点儿木屑，显然是从课桌里面的上板脱落下来的。

谁会在这贴一张便利贴呢？我将便利贴翻过来，上面写着"我应该等他吗"。

字迹轻轻的，加之写的是"他"，我猜是个女生写的。

彼时同学喊我过去帮忙收垃圾，我便把那张便利贴塞进了校服外套的口袋里。

"我应该等他吗"这句话一直在我脑子里萦绕，进门放下书包，就掏出纸条开始思考。

会是什么样的女生呢？

她一定盼着有人回复吧？

比起知道她是班里的谁，我希望保持这种新鲜的神秘感，更希望了解她的故事。于是我打开书包的小格，掏出我蓝色的便利贴，写上三个字"怎么了"。

第二天早上，我把便利贴贴进桌板，期待着对方能早点儿发现并给我回复。

我每天都很早去学校，这对我来说很有利。如果第一个到教室，我理所当然地贴便利贴。如果已经有人到教室的话，那也没事……早到的都是好学生，他们不是在预习就是在早读，根本不会注意到我。

第三天早晨我去看了一下，蓝色的便利贴换成了绿色！要不是有人在自习，我会高兴得叫出声来！就像收到一个旧友的来信，哦不……比这更神秘更刺激！然后，兴奋得颤抖着手，摘下那张便利贴。

回家后打开，字还是轻飘飘的。

上面写着："我跟他吵架，我赌气说了分手，还把他删除了。但我一直在等他回来，已经快一年了。这一年里我一直在思念他，他却杳无音信。"

是异地恋吧？我心想。这个女孩儿真痴情呢。我拿出便利贴写上："他是一个很好的人吗，让你甘心这样等着。"

就这样，我们开始了两天一次的交流。

今天我把蓝色便利贴贴上，第二天就可以收到她的绿色便利贴。

从这一句一句的讲述中，我大概了解了女孩儿的故事。她和前男友Y是从小的朋友，初中时在一起。Y是很好但闷骚的人，他说喜欢她，就一定是非常喜欢了。他们在一起有很多美好的回忆，是女孩儿一直依依不舍的原因之一。

他们分手的原因是因为Y没跟女孩儿说生日快乐。

"你也太任性了吧？"

我当时就是这么回复她的，但事情不是那么简单的。中考女孩儿考上了县一中，而男孩儿考砸了，他要去市里复读。加之当时追求女孩儿的另一个男生对Y冷嘲热讽，Y极度郁闷，在女孩儿生日的时候连一句生日快乐都没说。

女孩儿写道："我宁可他是在复习而忙忘了，但他告诉我他记得，只是心情很糟不想说。"

于是女孩儿一气之下说了分手，还在气头上删了Y。

他们的分手不是决裂，而是赌气，是女孩儿不死心的第二个原因。

第三个原因，女孩儿说："我在他最困难的时候离开了他。"

看懂了女孩儿的故事，心里五味杂陈。

我翻开抽屉底层的小纸盒，拿出几年前我和我的男孩儿的第一张合照，我们俩咧着牙齿笑，干净明亮又快乐。

我突然很羡慕女孩儿。即使她在为情所困，但她却有着为爱情坚守的心 。不像我，在跟那个人分道扬镳后，空落落的，不知道自己还有没有一颗爱别人的心。

于是十分希望女孩儿的等待能得到回应。

我在蓝色便利贴上写"你为什么不再加回他？为了面子吗？"

绿色便利贴女孩儿告诉我"怕打扰他的生活"。

有人说，喜欢一朵花是将她摘下，爱一朵花是为她浇水。

女孩儿宁可默默守护也不敢再次表白是很感人，可是我觉得她这样好傻。

我写道："那你准备这样，等多久？"

次日收到绿色便利贴上写道："我也不知道，一有时间就会看他的动态，拼命想找到他还爱我的证据。"

这里有一滴液体溅过的痕迹，是她的眼泪吧。

"但每一次都是徒劳，夜晚时思绪泛滥，我总会躲在被窝里泣不成声。"

我突然很心疼这个女孩儿，却不知道怎么为她开解。

那天我也很累，就昏昏沉沉地睡过去了。

第二天起床，身子异常疲惫，整个人像被抽干一般。

睡觉对我而言一直是件幸福的事情，最喜欢清晨的阳光照进来，我醒来就能看见自己在天花板上的投影，一切都可以重新开始。

可今天是怎么了？

我想起那个女孩儿，心想，心灵上的相通也导致了身体上的相通吗？

打开音乐，听着林二汶唱"There's no such thing"，身体开始轻松起来。

我坐起身，伸手拿起书桌上的笔和便利贴写道："不要太执着于一个让你痛苦得失眠的人。"

我觉得不能再让女孩儿再这样不清不楚下去了，有些话不说出来，就像吞进肚子里的一粒种子，就算在里面生根发芽，也无人知晓。

于是又写一行："找个机会告诉他吧！"

起床上学，在一个清晨又一次把便利贴贴进桌板。

彼时已经是六月底了，同学们早已穿上短袖，露出藏匿了一个冬春而变白的皮肤。这是一个只有清早才能感觉到一丝凉爽的季节，一个傍晚阳光仍照在最后一张桌子的季节。

蝉肆无忌惮地鸣叫，把心底的寂凉叫得燥热。

之后有好几天我都收不到绿色便利贴。

直到期末考倒数第五天，终于在清晨看见那抹绿色。字迹依然轻飘飘，甚至有点颤抖。

"初中同学聚会，我在喧闹的音乐声中对他说，对不起，我不该在你复读的时候离开你。我们还会在一起吗？他说，是我对不起你，我从来都没去体会你的感受。但我们不会在一起了，我现在有女朋友了。"

我想女孩儿肯定在写完这段话后又躲进被子里闷头大哭。

残忍的话写在纸上，就是鲜血淋淋啊。

我只希望这一抹蓝色能给她一点儿安慰："等到放晴的那天，也许你会比较好一点儿。"

期末考后收拾教室，我拿到了最后一张绿色便利贴。

"这一年我都没有后悔过，现在解脱了反而感觉自己又充满了力气。我应该去做我自己了，告诉你哦，我的目标是F大。还有，谢谢你，我刚好很喜欢周杰伦。"

没有问那个女孩儿叫什么，她就在那个夏天过后，消失了。

"妹啊！"妈妈的声音通过电话从我爱的那个小县城传来，"我在帮你整理房间，那个装满纸条的盒子要扔掉吗？"

"嗯，扔了吧！"

此时的我正坐在F大的教室里最后靠窗的位置自习，窗外的紫荆花叶落满了小山丘，鲜艳了这个季节。

回想起那年初夏，太阳照着最后一张课桌，傍晚也不退缩，我坐在那里无法直视窗外，只能把心事都写在绿色的便利贴上。

于是我把右手上握着的笔放在左手上，字体还是那样没有力道，轻飘飘的。

"谢谢你，亲爱的自己。"

能开解自己的只有自己。

要做自己觉得对的事情。

昨夜的风和离去的你

　　刚刚吃完的牛肉面的味道还在舌尖盘旋着，面条筋道有弹性，牛肉浸着面汤味道浓郁。

　　爸爸开始和我说一些他工作上的事，说他空闲时喜欢听的歌，说他单位体重惊人的同事，说他加班时凉了一半的浓茶和暗了一片的高楼。

　　人到中年，好像开始习惯了生活的不公平；习惯了看似平淡的生活下的波涛汹涌；习惯了变得精疲力竭，甘于油米；习惯为了家庭奔波。

　　习惯了很多曾经并不习惯的事情。

昨夜的风和离去的你

简墨绿

1

关于那晚，我只记得吃得有些饱胀的胃、微凉的风，还有挂在你嘴角那抹恍若隔世的笑。

2

那天晚上，妈妈去了姥姥家。我和爸爸两个手残党出门觅食。我提议去离家很远的高中对面吃面，作为资深懒人的他居然同意了。后来我才知道，爸爸拿着手机出门，用百度地图记录行程，和微信里一群同样热衷运动的同事们比赛。

我们从家里穿过了公园，几条灯火通明的街道，几条堵塞的马路。途中遇到爸爸的一个同学，寒暄了几句，然后继续往前走。终于到了招牌有些古朴的面馆，要了牛肉面，还点了拌菜。我们百无聊赖地看着对方，谁也没有打开手机。

　　面被端上了桌子，脸蛋红红的老板娘拿了赠送的小菜给我们。我忙着盛面汤，爸爸在一旁悠闲地扒着蒜。大快朵颐后，付账走人。天已经完全黑了下来，我紧紧握住爸爸的手，然后把手插进他的兜里。

　　沿着街道一直走，旁边的店铺亮着昏黄的光。几个穿着鲜艳外套的小孩子聚在一起玩古老的游戏，脸上的笑容即使在黑夜里也干净明亮。

　　很奇怪的是，这个世界每分每秒都在发生变化，身边的人也在时刻发生着我们能察觉到或不能察觉到的变化。股市的跌落可能在转瞬之间让一个身价几十亿的富豪倾家荡产，也可能让一个穿着白衬衫的青涩男孩变得世故虚伪。只有孩子的笑容依旧简单明朗，那曾被我们每一个人拥有的最原始的快乐正一代代地传承下去，也正在逐渐变成世界上最稀缺的宝藏。

　　我们走远了，孩子们还在笑着闹着，我忍不住回头看。好像在看曾经的自己，那个肆意笑着的自己。

　　曾经我也有那样的童年时光，几个邻居家的孩子在夏夜的星空下嬉戏。可以喝着冰凉的橘子汽水坐在台阶上聊着喜欢的漫画。直到某个窗户后传出一阵喊声，然后再不舍地告别回家。

　　那个时候的梦都是甜的，因为一觉醒来，又能和要好的小伙伴一起在暖烘烘的阳光下无拘无束地玩一整天。

　　转过头看爸爸，在夜色的笼罩下，他的侧脸显得有些神秘。好像在思索着什么。他是不是也像我一样想起了那些轻快得好像一片云一样的时光，还有榕树下穿着白裙的身影？

昨夜的风和离去的你

4

就这样握着爸爸温热的手走着，夜色清凉如水，晚风轻轻地掠过我的耳畔，卷起一缕发丝。刚刚吃完的牛肉面的味道还在舌尖盘旋着，面条筋道有弹性，牛肉浸着面汤味道浓郁。

爸爸开始和我说一些他工作上的事，说他空闲时喜欢听的歌，说他单位体重惊人的同事，说他加班时凉了一半的浓茶和暗了一片的高楼。

人到中年，好像开始习惯了生活的不公平；习惯了看似平淡的生活下的波涛汹涌；习惯了变得精疲力竭；习惯为了家庭奔波。

习惯了很多曾经并不习惯的事情。

生活一直这么继续着，也许不太尽如人意。在平平淡淡的日子里附赠你一些道理，当作人生阅历中的一笔财富。

抬头仰望小城里的天空，也开始有一点雾霾。好像我们每个人都必须经历的那些，也许灰暗也许空虚，但也有可能，经历过后，变得更明亮，更忠于自己。

街边的树上挂着些彩灯，远远望去，好像平淡无奇的生命里开出了色彩斑斓的花。

5

走进一条灯光昏暗的小道，背着吉他的长发女孩迈着长长的腿走过去。爸爸搔搔头，说起不久后要举行的同学聚会。爸爸是中学时的班长，留着帅气的中分，在雪白柔软的纸上写各种各样的诗。

转眼这么多年过去，当年站在讲台上写工整楷书的爸爸，变成了吃过晚饭会瘫在沙发上的中年大叔。

时间好像真的有魔力，能把两个完全不同的人串连在一起，让他们的人生轨迹从此重合。

穿着暗红色衬衫的爸爸，无奈地苦笑着对我说："真的不想去同学聚会啊，他们一个个的都是什么局长、行长、校长……"然后没有了声音，只有两段脚步声，和风吹过草丛的沙沙声。

他不说，我自然也懂。

现在的同学会早就不是三五好友聚在一起大碗喝酒大口吃肉了，而是无尽的攀比和虚假。一个活生生的人好像变成了案板上的猪肉被人评头论足，让人提不起一点儿兴趣。

爸爸继续走着，我听见他重重的呼气声，却不知道该说些什么。事实好像是这样，有人是局长，有人是所长，有人是校长，可是你，是我的家长。

是我在这世界上最珍惜也最关心的人。

管你金钱名利富贵荣华，我们有一个温馨的家，冰箱里有满满的食物，橱柜里有喜欢的零食。一觉醒来，阳光与最爱的人同在。你说，这不是最好的生活吗？

你真的不用说，我懂你。

6

又走过了很长很长的一段路，看见了红红的灯笼和冰凉透亮的糖葫芦，看见了同样散步的一家人，也看见了我的小学。

虽然有些记忆早已落满了灰，但只要看到那熟悉的校门，有些记忆自会扑面而来。

我记得有一年夏天，学校调整上课时间，急着放学的我根本没听清老师说的调整时间。回家吃过饭就躺在柔软的大床上睡午觉，到了上学的时候爸爸叫醒了我，睁着同样惺忪的睡眼送我去上学。

然后两个人一起在空无一人的校门口站着发呆，反应过来的爸爸看了看学校门口滚动着的字幕对我严肃地说："你记错了时间，明天才开始改时间呢。"我望着紧闭的校门慌乱得不知怎么才好，爸爸安慰地摸摸我的头又牵起我的手，和门卫爷爷打好招呼后又和班主任不好意思地说今天有事迟到了。最后我和爸爸说再见之后坐回了座位。放学后爸爸举着棉花糖在人群里笑得一脸狡黠。

一直被爸爸的手紧紧握着，我的掌心也沁出了细密的汗。

小小的衣兜里装着两只手，这个夜如此温暖。

7

距离那一晚，已经快一个月了。爸爸已经休完了假回去上班。

关于那一晚，我只记得，吃得饱胀的胃，以及微凉的风。

还有爸爸手机上，显示已走了一万三千步的发亮的屏幕。

听见风吹的声音

叶 蕙

独自站在阳台上，闭着双眼细听初冬的风轻拂而过的声音，竟不觉泪湿眼底，一大滴泪水唐突地滑下，滴落在我放在墙沿的手背上，碎成晶莹的花儿。

从初中离家在外读书开始，每次接到你的电话或是打电话给你，我总是笑嘻嘻地在电话里诉说着快乐的事儿，然后听你放心地在电话另一头开心地笑，却在每次挂断电话的那一刻不自觉地落泪。

耳边的清风像个说书的人，低声叙述有关于你的片段。

1

你说，幼儿园只是托儿所，没用处。所以当邻居家的小孩儿都背着小书包在幼儿园里拿小红花的时候，我跟着哥哥妹妹还有弟弟在菜园里的土地上摸爬滚打，每天都把自己玩成小叫花子才肯回家。每次我们犯了错，你也只是责怪而不忍动手。只是，有时你也会被激怒。那天晚上我跟妹妹吵架，两个人从床上打到床下，惨败的我灰溜溜地跑出家门，当时你跟客人在喝茶，并未发现我出去了。小小的我瑟缩在屋后那堆高高垒起的砖头后面抹眼泪，倔强地不肯自己回家。

很久之后，我从砖缝儿里看到你从我身边急急地经过，在菜园里来回寻找，不住地喊我的小名。夜晚冷冷的风穿过砖缝抵达我耳边发出声响，夹杂着你焦急的声音。最终我被你揪了出来。你牵着我回家，关上门就拿衣架抽我。我号啕着闪躲，始终没能挣脱你的手。

那是你唯一一次揍我。对不起，我知道是我让你担心了。

2

2002年9月1日。我背着被婶婶上幼儿园的女儿丢弃的书包，独自走在人潮里。

开学第一天，大街上大都是别人的父母牵着他们的小孩一派欢欣地往学校走，而我像落单的蚂蚁独自沿着街道行走，泪眼模糊。

几天前你带我去学校报到是要我认路的，所以开学那天出门前你对我说："今天自己去学校，认得路吗？"我咧开嘴笑着点头，其实我只是大概记得路线而已，可是我知道，你要努力赚我和哥哥"高昂"的学费，所以我不能奢求你像其他父母一样每天接送我上下学，我愿从一开始在你面前便是坚强独立的样子。

有一天，突然下大雨。放学的时候，带了伞的同学追逐着跑出教室，几个人笑闹着玩水；没有带伞的小伙伴也陆续被家长接走。偌大的教室里剩我一个人安静地等待着你。许久不见你来，我背起书包冲进雨幕。

豆大的雨点儿在我脸上胡乱拍打，耳旁的风吹过的时候我听见你熟悉的声音，我在某家店的屋檐下看见马路边上骑着单车撑着伞的你朝着我所在的方向喊我的小名。我扬起手笑着喊你："爸……"然后向着你跑去。

你把雨伞遮到我头顶，用厚实的手掌抹掉我满脸的雨水。

我坐上自行车后座，紧紧抓着你的衣服。雨水敲打伞面的啪啪声掩盖了我低低的絮语，迅疾吹过的风声也带走了一路上你说的话。

3

小学升初中的大考中，我以全镇第二十名的成绩考上那所全封闭式的寄宿学校。

第一天去报到时，你帮我提着大包小包的行李到宿舍，放下行李后你看着我说："那我就回去了，你自己要多注意点儿。"

我依然笑得很灿烂并不住地点头："嗯嗯嗯。"

第一学期放假前一个星期回家，我告诉你我不想再去MG中学了，你停下手里的农活怔怔地看着我，好一会儿才问："怎么了？"

我嘟囔着说我不喜欢学校压抑的环境，不喜欢那些用鼻孔看人的富家千金，不喜欢那些人吃完饭不轻声放好餐盘偏要离得老远就直接把餐具丢进桶里，最后我说，我不想每个学期交那么多学费生活费。

你听出来了，最后一句才是重点。你说："傻气，钱是大人的事，你不要管。"

我安然地在MG中学度过三年的时间。我从没跟你说起，每次回家看到你在夏天的中午顶着烈日在菜园里浇水时我有多难受，每个冬日破晓前，我缩在暖暖的被窝里听见你开门出去干活的声音我有多内疚。

4

高中我去了另一个小镇上学，你依旧帮我提行李。那天，你站在宿舍门口把行李放下后还是说："那我先回去了。"

我笑着说："好，你先回家吧。拜拜。"

那天在宿舍收拾完后，我帮着其他舍友的父母一起收拾，收获了每个人大大的笑脸。

后来有一天宿舍大扫除，舍友们都提起，她们回家时父母都说起我，莹的爸爸甚至对她说："这个女孩子值得你交往。"我才发现，原来我们两个人最后能成为那么交心的朋友，她爸爸的那句话是重要的原因。我一边竖着耳朵听着她们不爽地说着叔叔阿姨如何拿我跟她们对比，一边哈哈笑着更卖力地刷厕所。

谢谢你，让我成为这样的一个我。

5

来上大学的前几天，我忙着订车票，在看报纸的你多次叮嘱我帮你订一张，我嘿嘿笑着看你，说："不用不用，我自己去就好。"

我要出发的那天早上你在菜园里忙，我像以往每次要回学校时那样跑到你跟前跟你说："爸，我要走了。"

你也停下手里的农活抬起头："好，搭车要小心。"

在等车的时候，你打电话给我说："你在MG中学那里等车是吗？"

"是啊，我跟同学在一起。"

"我现在过去找你哈。"

"不用不用，车快来了。"我赶忙找理由拒绝。

"我过来了，就这样就这样。"你挂断电话。

我远远地看见你坐在摩托车上对着我笑，我咧开嘴笑着向你招手。

聊了很久，车还没来，我开始催你："你先回家吧，我一会儿自己走。"

你转过头看公路："这么早回去干吗，我还想跟你一起去学校呢。"

我退到你的身后跟同学说话时，看见风拂动你的头发，染黑过多次的发丝又渐渐斑白了。终究，我还是心酸地发现，当我在提起你的年龄竟要用花甲这个词语时，我对时光的残忍是多么的无能为力。

车来的时候，同在等车的人搬着行李蜂拥而上，你提起我笨重的行李箱挤进人群里，我背着书包提着行李袋跟在你身后，看到你的头不小心撞到了车身，那一刻我有多埋怨自己。

我找了靠窗的位子，向窗外张望着寻找你的身影。你骑着摩托车停在窗外，仰头对我说着什么，窗缝里的风声很低可是隔着玻璃我依然听不见你说的话。

我忍着泪水对着你做口型说："快回家吧。"

你不知道，我有多希望你能跟我去学校，就像很久很久以前一样，每次都送我到宿舍然后放心地跟我说："那就这样，我先回家了。"可是，这一次，我不愿意让你一个人坐那么长时间的车孤单地回家。所以，对不起，爸爸。

车启动的时候我擦干眼泪，转过头对你露出大大的笑脸，挥着手跟你说："拜拜。"

记忆的绳索拉得很长，待我收起时，脸上的泪水已被柔风拂干。耳旁轻风低语，我答应你，下一次给你打电话，我一定不哭。

一生时光里的天涯海角

范叶婷

外公和外婆的身材时常让我们觉得他俩长反了。

外公很瘦很瘦，外婆很胖很胖。随着年纪增大，外公越来越瘦，外婆越来越胖。

外公是那种闲不住的人，就算已住在儿子家多年，他还是在乡下老家种了好多菜，隔三岔五总得回去浇水除草，这在家人们看来就是"瞎折腾"，但我想外公乐在其中吧。

外公有两个儿子一个女儿。住在大儿子家，以三个月为周期在三个孩子家轮流吃饭。外公有"老年卡"，坐公车不用钱，于是每到饭点，外公总会坐公车从大儿子家去小儿子家吃饭。

今天吃饭时，妈妈笑着说外公变成小孩儿了，每天都在小学门口的公车站和小学生们一起等公车。小学生们拿着公车卡，他拿着老年卡。外公早不去晚不去，偏偏每天都要等到在家里听到小学放学铃声响了，提醒他饭点到了，才肯下楼。

听着妈妈的描述，联想着瘦瘦小小的外公站在一群叽叽喳喳、背着小书包的小学生群里，瞬间觉得我的外公好萌好萌。

外公是家里唯一一个会极其认真地"观赏"我发表的文章的人。

每次当我把印成铅字的文字拿给外公看，他总是要一字一句地看很久，神情专注得甚至让我产生错觉——他看的根本不是我欢快戏谑的青春小说，而是一部极具文学内涵及研究价值的经典名著。

外公还会详细地询问很多细节，例如，这是哪里的出版社，多久发一本书，你文章发表了是不是就有很多人知道你了……外公丝毫不能理解我是怎样通过网络将稿子发给编辑的，我向他解释了好多遍，他依然似懂非懂，像个小孩子一样咯咯笑："现在这个网络可真是个好东西啊，外公老了，不懂啊。"

外公有点儿耳背。有个印象很深的瞬间，我真的被外公深深地萌到了。

暑假时我在大舅家住了几天，和表妹睡一个房间。某天早上妹妹发现外公把她书架里的一本书拿走了。她用佯装生气的语气说："爷爷，你给我进来！"外公在门口直摆手，"我不敢啊我不敢。"其实外公是在说我们房间里冷气太冷，他不敢走进来。但当时小表妹萌萌哒恶狠狠的语气配上外公十分配合的"害怕"表现，真的是太搞笑啦。

准高三的那个暑假，外公为我做了一件十分令人感动的事，着实当了一回"暖男"。

马上升入高三的我学习压力特别大，那时顶着灼日与炎热坚持每天去图书室自习。外公知道后，开始按时同我一起出现在图书室。外公说，我的宝贝这么勤奋辛苦，外公这个老头子反正闲着没事，陪着你啦。

早上外公会去得比我稍迟一点儿，每天都给我带一个肉饼。就算我再三和外公强调我已经在家吃过早饭了，不会饿的，可外公第二天还是会给我买肉饼。吃了三四天后，我正寻思着这肉饼吃得我都要反胃，外公默契地给我换了包子……盛情难却，他非要看着我吃完才心满意足，以致后来我特意早饭只吃八分饱。

这么多年了，外公还是保持着这个老习惯——爱给孩子们买东西，尤其是吃的。小时候放学最喜欢外公来接我，不论我说想吃什么，外公都会买，连小学门口商铺里的大人口中的"垃圾食品"外公也会买。

有时吃得满嘴辣条味回家，被外婆发现后，她骂外公宠溺孩子，尽买不干净的东西害孩子。外公每次都信誓旦旦地向外婆保证下次绝不再犯。可当下次，面对我撒娇卖萌，外公又会招架不住，心一软就买了。

多次后外婆摸清了外公的脾性，下了禁止令，不再让外公来接我放学了。那段时间我和外公都非常不开心，我甚至觉得外婆是魔鬼，对天使外公施了魔法……

真正感受到外公老了是去年冬天。寒假某个清晨，我睡得正香，姐姐推门而入，焦急地让我马上穿衣服一起去医院——外公被梯子砸到了！听到这个消息我大脑一片空白，只感到头皮一阵阵地发麻。

赶到医院时，爸妈、舅舅们都在，外公正在做脑部检查。医生说所幸没有击中要害，后脑勺儿缝几针，静养一段时间就没事了。

外公需留院观察一天，他坐在病床上吃着面，舅舅心疼地数落他怎么这么不小心，大清早整理什么储物间。外公像个做错事的孩子，低头不说话，时而委屈地解释几句："我也不知道梯子怎么会没放稳，这种事以前从来没有过的……"

医生说外公的脑部有点萎缩了，外公老了。是啊，白驹过隙，已不再是外公教育孩子们不懂事了，而是孩子们变成大人，责怪他不小心。

我真的好爱好爱外公，无论是过去的天使外公，还是如今像个小孩子一样的外公。如果人的衰老无可避免的话，我祈求时光可以让外公的衰老更慢一点儿，让我的成长更快一点儿，让我可以有足够的力量，像小太阳一样温暖外公，让外公以我为荣。

　　小时候去乡下外公家，漫长曲折的山路我总是没走一会儿就累了，外公将我驮在肩头，带我回家。长大后，就让我牵着外公的手，陪外公走尽永恒时光与天涯海角，陪外公去任何他想去的地方。

　　外公，你是我的英雄哦，永恒的英雄！

细数爸妈的相爱相杀

范叶婷

昨天发生了一件十分神奇的事。

老妈手机坏了，于是锁好门后出门修手机去了。

半小时后，凯旋归来，却发现门不但打不开，还被人从里面反锁了！她的第一直觉——进小偷了。于是站在家门口冲里面破口大骂："现在的贼胆子够肥啊，还敢把门反锁躲在里面偷。我家又没一点儿值钱东西，你能图点什么……"老妈越说越激动，"你不敢出来是吧，你给我等着！"

说完，机智如她，悄悄躲进邻居家院子，打算等小偷窜出来，结果蹲了半天小偷也没有动静。急得老妈把附近在家的邻居全叫上了，站在门口咆哮。

正当众人准备去搬梯子爬上阳台时，门开了，睡眼惺忪的老爸一脸乖巧地望着众人，众人也同样是惊呆了……我猜老爸一定打死也猜不到在他睡着的这段时间外面历经了多少腥风血雨。

这次巧就巧在往常都是傍晚下班的老爸偏偏在老妈出门的那半小时内回到家，以为老妈去上班了，就把门"安全地"反锁起来躲在房里睡觉。更奇妙的是，向来鼾声如雷的老爸这次竟然如此安静，老妈那么闹腾地喧嚣他也完全没听见。论睡得实，我只服老爸！

听到老妈一脸生无可恋地和我讲述她的"悲惨"经历，我不禁对老妈的脑洞和威猛叹为观止！再配上老爸的"忘我"境界，他俩这天衣无缝的配合，又成功地为邻居们茶余饭后增添了新的谈资。

上周，老爸洗完头后老妈难得温柔地主动提出："天气凉，你过来我给你吹吹。"于是老爸屁颠屁颠地跑过去，坐好，开吹。讲真的，老妈的吹风技术确实令人不敢恭维，她老喜欢从后颈倒吹上去，各种插着缝钻进去吹，这样吹的确是省时省电，但从审美效果来看……反正我是自从"年少无知"时被她吹了一回爆炸头后就再也不敢让她掌控吹风机了。

那么老爸对于老妈的"超级省电吹风模式"会作何反应呢？作为吃瓜群众的我感到万分期待。果然，顾客对这个"吹发小妹"的粗鲁十分不满意："你得给我从前面顺着吹知道不？这样才能凸显出立体的发型。"说着他还不忘来个酷炫狂拽地前额立发。

我在旁边忍俊不禁，还不忘煽风点火："就是就是。"

"少废话，就你这个两厘米不到的板寸，怎么吹都立不出一坨。"

哈哈哈，爱美之心人皆有之，老妈你就别戳破这么残忍的事实嘛！

被戳硬伤的老爸恼羞成怒："你怎么说话呢，我吹个给你看看！"

"你自个儿吹，我还不爱帮你吹呢！"言罢走人。

老爸接过吹风机，左边吹吹右边吹吹。罢了，满脸期待地问我："怎么样？是不是比你妈吹得好多啦！"

"啊？嗯……老爸，我能不回答这个问题吗？我觉得你烧的白开水比老妈烧的好喝多啦！"

爸妈吵归吵，在某些方面还是相当默契合拍的。

比如吃面的时候，不是我夸张，每次吃面我们家都要上演同样的剧情，连台词都是丝毫不变的。

老爸下面，老妈调料。起锅后老爸用两双筷子拌呀拌，然后分到各自碗里。吃下第一口前有很长很长的前戏。

老爸："你说就这一碗面，要是在店里少说也得七八块钱。"

老妈："而且外面做的量还没咱们自己做得这么足。"

老爸："就是，东西还是自己家的好啊！（吸溜一声）哇！香得很。"

老妈："（同样吸溜一声）哇！好吃！你多吃点儿！"

他俩仿佛因为吃了这碗面就捡着天大的便宜似的。

曾经我很不理解——为什么明明那么在意对方、非彼此不可的两个人，却还总是吵架，一吵起来什么狠话都说，但现在我似乎逐渐领悟——也许这就是他们相爱的方式吧？谁规定世上所有真挚的爱情都必须相敬如宾？

突然想到去年老妈生日，在我的鼓励下老爸给老妈手写了一封短短的（情）信（书），他缓缓地写下这么一句话："这世界也许没那么美好，但我愿意为你点亮一些光芒。"

这一次，我想成为你的骄傲

公子羽

1.你要等我啊

我回来的时候你在沙发上睡觉。我没敢吵醒你，只是盯着你的睡颜看了很久。明明四十岁的人，头发却快白完了，看上去跟六十岁的差不多，睡觉也极不安稳，连眉头都是皱着的，你在担心什么呢？

没人告诉我你出事了，直到我要回家，他们知道瞒不住了，索性就告诉我了。我握着手机的手不住颤抖，眼泪也险些夺眶而出，在公交车上哭多丢脸啊，我忍住了呢。

你说说，你多大的人了，怎么老跟长不大的孩子似的。你明明知道检查乙肝之前不能吃任何东西，甚至连水都不能喝，我都忍住了，都走到医院门口了，你偏偏因为怕抽血去喝了一口水，还像小孩子一样耀武扬威地冲我笑。你说你自己幼稚不幼稚。

这也就算了，为什么你砍点东西都能把自己的手筋砍断好几根呢？你让我说你什么好呢？

这些年你大大小小出过无数次的车祸，每一次都是有惊无险，车坏了，而你没什么大碍。也受过很多伤，身上到处都是疤痕或者伤痕。但这一次，无疑是最严重的。听说你的手得挂在脖子上好几个月呢，很疼吧？你为什么就不能答应我照顾好自己呢？永远都让人这么担心，我都不敢离开你了呢。你要等我长大啊，等我给你很好的生活，等我结婚生孩子。你说过你想看见我幸福快乐的啊，你这个样子我怎么幸福快乐啊？

2.你一点儿也不老，是我的骄傲

你是一个好面子的人，经常去染发，我怎么说都不听，染发伤害很大的啊。

你说你怕我朋友同学看见你说你老，怕我觉得有你这么一个父亲觉得丢脸。我再三保证不会，你才笑得像一个得到糖果的孩子一样，停止了染发。

你总是问我，如果我以后去了大城市上学，我会不会嫌弃你老你丑，你去找我，我会不会因为觉得有你这样一个父亲觉得丢脸而不认你。

你说这样的事情很常见的。我只觉得你电视剧看多了，儿不嫌母丑，一样的，女不嫌父丑，你的担心是多余的呢。

你说我以后在哪上大学你就到哪所城市去打工，我觉得这举动太过多余，没什么必要，也不想你那么辛苦。你大概是怕我一个人在外地无依无靠被人欺负吧，你不说我也知道的，但是以你家丫头这混世魔王的性格谁能欺负我啊，我可是百毒不侵呢。

我一说不让你去你就问我是不是嫌弃你了，怕你给我丢脸。哪能啊，这不可能啊，你就爱胡思乱想。我大概忘了告诉你，你一点儿也不老，是我的骄傲。

3.其实我也恨过你

你对我很好，这是毫无疑问的。

但是我仍然恨过你。恨你什么呢？

恨你的好赌。每次打麻将怎么叫你都不走，输完了也还想着赢回来。大概赌徒都有这样的心理，于是你就会借钱打麻将，直到散场了，没人愿意陪你打了，你才肯罢休。

恨你一打麻将就有点儿六亲不认的性格。有时候我打电话给你或者去叫你，你还凶我。有一次因为赌的事情还动手打了母亲。我也不知道那时候自己为什么要跑，那天晚上下着雨，我躲了两个小时左右，你们开着车找了我两个小时，找到我的时候我浑身湿透，却死活不肯跟你回去，后来还是母亲把我抱上车的。现在想来那时候你很伤心吧。

恨你总是抽烟。一天两包左右，一抽就停不下来，让你去医院检查也不愿意去。我一直都在担心，你这样总是抽烟总是熬夜的身体怎么受得了，但是你小孩子脾气一上来，谁劝都不听。等我有时间了拖也要把你拖去医院。

恨你开车老是开得很快。我在或者家人在还会好一点儿，你多少会听劝开慢一点儿，会担心我们的安危。如果你一个人绝对开得飞快，所以你总是出车祸，连保险公司都怕你了，让你换一家保险公司。你说说你自己，是不是很让人担心。

恨你不爱自己的身体。几乎每过一段时间我就会得知你受伤的消息，大大小小的伤，那得多疼。你总是这样，习惯性地让自己受伤，每次我一问你就说没事，没什么大碍，你怎么就不能照顾好自己呢？

你有时候也会骂脏话。你是个粗人，没读过多少书，只读到小学五年级，但是口算能力特别强，很重情义，而且对家人也很好。

我确实恨过你，但是那恨都是一闪而过。

4.倔强的脾气如出一辙

去欢乐谷的时候你明明看见狂呼就怕，还偏偏答应陪我坐。那么刺激的游乐设施，在半空中还要停止一分钟左右，我在欣赏风景，转头一看，你坐在我旁边眼睛闭得紧紧的。我开口大喊大叫，发泄着心里的恐惧，你偏偏咬紧牙关，不吭一声，大概是怕在我面前丢脸吧。

你倔强的后果就是，从狂呼上下来后我活蹦乱跳，你腿软想吐，后来硬是睡了好几个小时才缓过来。

我其实只是想让你感受一下是什么感觉，弥补一下童年的遗憾，以后越老越不能玩了。

没想到你这么倔强，怕也不说出来，你要是说了我才不会拉着你去坐。

不过我们两个倔强的脾气倒是如出一辙，我认定的事就是九头牛都拉不回来。

不止我倔强，哥哥的脾气也是说来就来，说干吗就要干吗，说不读书就不读书，说回来读书就回来读书，谁劝都没用，也不需要别人劝。

你看，我们都很倔呢，肯定是遗传的。

5.你买那么多肯定是想吃死我们

我和哥哥每次一说想吃什么你就会把那东西买上更多。

比如我跟你说想喝牛奶你就买了桌子那么大的一箱牛奶，那段时间真的是喝到想吐。

再比如我说想吃柚子你就买了十多个柚子，害得我都没那么喜欢吃柚子了。

还有一次我说想吃杨梅，你买了好几斤，吃得我牙酸，吃饭都觉得疼。

这样类似的事情太多了，你买那么多大概就是想我们厌烦然后以后就再也不想吃了，再不然就是想吃死我们。

不过你很少陪我们去逛街，很少陪我们买东西。我们基本都是和母亲一起，你一般都是把钱给我让我自己去买，每次想带你逛街简直比登天还难。你说说，你怎么就不多出去走走呢。

不过你的关心倒是真的。有一段时间母亲出门了，天气转冷，你终于想起来了在学校的我和我哥，打电话问我要不要你送衣服，要不要带我出去买双暖和一点的鞋。我拒绝了，因为很难出去，而且你也难得来，放假去买也是一样的。不过还是很欣慰，你终于有陪我们买东西的心思了。

6.你的期许，怎敢轻易辜负

从小我的学习就要好一些，不管是小学升初中还是初中升高中总有老师亲自到家里或者打电话来询问你们，请求你们的意见，想要我就读他们的班级。

所以一开始你对我的期许就很大。哥哥的成绩不好，高中也是交的高费，你大概觉得有机会考上大学的就只是我了，所以你希望我能好好学习，考一所不错的大学，找一份不错的工作，至少可以养活自己。

其实我并不想考大学，只想安安静静写我的文字。我之所以现在还安安稳稳地坐在高中的教室里，应付难懂的数学，读着拗口的英语都是因为你的期许。

不想你们失望，不想你们难过，不想像哥哥一样让你们为我的未来担忧，所以我选择做一个乖巧听话的高中生。

上了高中后我的成绩没有那么优异了，甚至在班里垫底，我也没有太在意，也没有特别努力，每天想的都是文字与梦想。每次被问到成绩我都是敷衍过去，我没有特别努力地去学，该完成的作业却从来没有拖欠，所以成绩一直处于中等偏下，没有多大的起伏。你们大概觉得还算稳定，没有过多地责问我。

但是，背负了太多期许的目光，怎敢轻易辜负。

7.这一次，我想成为你的骄傲

你是我的英雄，也是我的铠甲，从小到大，你把我保护得太好，我知道这个世界很虚伪，但是却从未体验过。

你给了我太多太多的爱，我能回报的却只有微薄的一点儿。

虽然你有时候很孩子气，像一个老小孩儿，但是这些年的风风雨雨都是你一个人在扛，从来不让我们分担，我知道你的处境却无能为力，那是我最大的无奈。

无论什么时候我在你眼里好像都是一个小姑娘，就该被宠着，其实我已经长大了啊，不小了呢。

以后我会好好努力啊，给你们一个交代，你也要答应我照顾好自己，别让我担心。答应我去医院做一次全身检查，虽然我希望你像小孩儿一样开心，但是我更想听到医生对我说你还可以陪我很久很久。

我的老小孩儿，很庆幸这次你的生日在九月底，你的小姑娘提前祝你生日快乐。其实还想写很多很多关于我和你，但是我得收拾一下去学校了。

手疼就好好休息，伤筋动骨一百天，你也别出去到处乱跑了，在家看看电视就很好了。我会好好努力，这次，我想成为你的骄傲。

假如你还是那个笨小孩儿

　　如今的你还是不会主动去争去抢，依然成为不了那个自己羡慕了好多年的同桌。依然只有稀稀疏疏的几个朋友，没有很多钱，依然悲伤与快乐同行，有时候也会主动与这个世界握手言和。

　　只是，你的心里一直住着一个笨小孩，他是你，也不是你。他提醒着你的失去，也装点着你的明白。

假如你还是那个笨小孩儿

按宇树

十一岁那年，你读五年级。你坐在教室的最后一排，然后眼泪在眼眶里不停地打转。

你不知道发生了什么就被数学老师批斗，声音很大且满是嘲讽。全班同学都齐刷刷看着你，你红着脸却又装作若无其事地低头写作业。

"你是不是觉得成绩好就可以无法无天了，从来没见过你这种小孩儿。"老师的这一句话一直在你脑海打转。你愕然看着这突如其来的一切，不知所措。同桌解释说老师让你起来关一下后门，你好像没有听到。你轻轻笑了一下，噢，原来是这样，满不在乎的模样。

其实，是真的没有听到。那时候的你真的很爱发呆。喜欢一个人，看天空，写字，转笔，有些小孤僻。

事后，你没有去和老师解释。

你只是更加用力，用力地将每张数学卷子考到极限，然后让那个曾经嘲讽你的人不得不每次大声念到你的名字。

那是青春的一段小故事。只是，曾经那一幕却定格在你年少时很多年。

十三岁的时候，你和一个很优秀的男生做同桌。

那时，你们一个是年级第一，一个是年级第二。你们包揽所有的数学竞赛奖牌，而且你们还喜欢同一个女孩儿。

你还记得有一个下午，你看见他和那个女孩儿坐在一块儿吃饭，谈笑风生。忽然女孩儿大笑着拍拍他的脑袋。你站在一旁，像寂寞天地里的孤儿。那一瞬间你觉得很挫败，甚至很自卑。

你突然想起同桌是一个很特别的人，走路的时候扬着头，总是很骄傲的样子，那种骄傲旁人怎么也学不会。很爱笑，善谈，长得阳光帅气，最重要的是人缘好得不像话。小小年纪的你想起无懈可击这个词来。

那一刻，你突然明白你再怎么努力也成为不了他。

也是在那一刻，青春轰然倒下。

十五岁，你上初三。

你尝试着去改变很多事，你尝试着坐在公园里吹着大风，你尝试着和很多不熟悉的人交谈。你开始尝试很多爱好，认识了很多新的朋友，你觉得他们比你想象的还要美好善良。你还和坐在最后面的同学打成一团，吃着零食混得不像话。你还加入了一个校乐队，担任吉他手。女生都说你弹吉他的模样最好看，像一个长不大的笨小孩儿。

你在笔记本扉页写下：好好生活，好好写字，好好快乐。你开始试着走出一个人的小世界。生命也是从那一刻开始转了个弯，即使往后的路你依然会觉得悲伤穿过人山人海。

十八岁，你高考。

那时候，到处都是草木皆兵的气息。

你谈了一场轰轰烈烈却又无疾而终的恋爱，然后考砸了人生中最重要的一次考试。那个暑假，你呆在家里蒙在被子里没日没夜地睡觉，沉默不语，没人知道你是怎么熬过那些绝望与沉痛。记忆中外面是哗啦啦的大雨，仿佛要吞噬这一切。

有一天，你突然起床刷牙洗脸，像是突然想明白了。你坐在书桌上安静地看书写字，当然也打游戏。望向窗外，是一望无际的田野，一望无际的风，你觉得生命真浩大。

他们说让你复读，你摇摇头，没关系的，一个梦想他们用三年，我就用七年。你微笑的模样真的很好看。

你一个人背着背包去一所很普通的大学报到，那孤单的背影像是与世界背行。

2016，在你流浪过的时光里。

你一个人去了很多很多地方。有天晚上你决定去一趟杭州。火车巨大的轰鸣声，数不尽的满天繁星，远处灯火阑珊。仿佛穿过山川湖海，醉人的夏天，树与微风，数不尽的长夜，道不尽的梦，鲜衣怒马，海角天涯。

那一刻，世界很小，只有你一个人。可以安静地喜怒哀乐，可以一个人穿过山川湖海，可以在人群中站成一棵悲伤的树。

你听到七月的风在起舞，以及看到江南细细的雨。你的心也下了雨，还好你曾经拥有那些热泪盈眶的青春。

晚上你一个人在江滩晃荡，和卖盗版碟的大叔聊天，听在墙上刻下"小川是个大笨蛋"的小男孩哭泣，最后和一群陌生的朋友在西湖旁坐了一宿。第二天在一家小饭馆里做兼职，报酬就是管你一天的吃住。

你在那家店一共干了整整一个月，遇见各种各样的人。你和他们聊天，仿佛每次都在不同的世界穿行。其实在2012年的最后一个夏天，你如释重负去走近这个世界，你就已经不再是孤身一人。你的内心慢慢柔软起来。只是，有时候你发现——你还是那个寂寞天地里的孤儿。

谁不是呢？

你曾经以为有些事无论过了多久，依然会耿耿于怀，可是你才发现原来早已释怀。你笑着对自己说，都会过去的，没什么过不去。

如今的你还是不会主动去争去抢，依然成为不了那个自己羡慕了好多年的同桌。依然只有稀稀疏疏的几个朋友，没有很多钱，依然悲伤与快乐同行，有时候也会主动与这个世界握手言和。

　　只是，你的心里一直住着一个笨小孩儿，他是你，也不是你。他提醒着你的失去，也装点着你的明白。

做个很酷很酷的短发姑娘

硕 鲸

从小到大，我差不多一直保持同一个发型。区别就是及耳或者及脖子，及肩长发从来不会在我身上停留超过一天。

他们一脸好奇地问我，为什么从小到大都是这个弹簧短发，我深沉地凝望他们道："有些事儿说来话长，没看出来我是个有故事的女孩吗？"

故事从小学二年级说起，明明人家那个时候还是个娇滴滴的萌妹子。之所以成为糙女汉，我觉得都应该怪我妈！

二年级时，我家母后欺我年纪小，骗我说长发会把身上所有的营养都吸走，以后会长不高、长不漂亮、长不出牙齿。

怪只怪当时年少无知，真就信了。但高不高漂不漂亮，对当时二年级的我来说真没什么概念。最主要当时我早换牙说个话都漏风，吃饭也不大利索，米粒到处掉，老是被住我家隔壁的"竹马"乔二狗笑我缺门牙。

当时的我受不了乔二狗笑我缺门牙，就像我爸受不了我妈煮菜一样。光为了这个，我都不知道向乔二狗她妈告了多少回状，要真长不出门牙被他笑一辈子，我想想都觉得心塞。

剪刀一起一落，头发一挥一洒，从此以后和长发飘飘say goodbye，变成了一朵屹立在万众麻花辫女生中，一眼就望穿的冬菇头。

导致后来老师想不起我名字时，就大喊："那边的那个小冬菇，对就是你！回答一下这个问题。"

回首往事再看如今，我觉得这剪的不仅仅是我的长发，还掐断了我变成一个温柔细腻软妹纸的道路。从此成为一个自己扛水上楼，换灯泡，拧瓶盖，和男生踢足球，掰手腕以及成为了酒肉朋友的辛酸血泪女汉子！

剪了一整个小学短发的我，也没见得长得多高多漂亮，门牙长出来以后，发现和乔二狗他妈告状没啥用，干脆就自己撸起袖子教训他去了。

然后画风就变成了，他老跑去找我妈告状，害得我挨我家母后的责骂，我被骂完就继续去揍乔二狗，如此周而复始。最后弄得我妈都懒得说我了，拉着乔二狗他妈嗑瓜子儿去了。

短发还养成我懒惰的洗头习惯，随便撒点儿洗发水，一撩一挠冲水表示完成。所以导致我头发特别"倔强"，用人话来说就是干枯暗黄。

可我丝毫没意识到这事儿的严重性，我妈虽然注意到她娃，我的头发一天不如一天直，但也没理我，她大概以为我头发那是遗传我爸自然卷的结果。

我也就这么牛哄哄地过了一个小学。心想：牙齿都长出来了，我可以留长发了吧。我就静静看你这回怎么瞎掰？

我家母后这次倒没敢瞎编乱造了，最主要是因为我读书多，她骗不了我！可事与愿违啊，命运如此多舛。

我念的初中有个变态的规定，女生一律得短发，发尾不得碰到校服衣领。而且定期检查！

我从五年级把牙齿长全以后，就一直和我妈对着干不剪发。已经是及肩长发的我，又意味着要被削得寸草不生了！

这正合了我妈的心意，她觉得我是个学生，就应该苦哈哈地学习学习，只要学不死就往死里学的那种，抹杀我一切除了学习以外的兴趣

119

爱好。

每次剪发我感觉理发师都和我有血海深仇，人家说理发师是人类头发的建筑师，那我每次遇到的不是修楼梯的，就是修草坪的。

我觉得这都是孽！小学没好好保养护理头发，现在的头发只要一起床就成了满头弹簧，最令人痛苦难言的就是，北风那个吹，我头发就嚣张起来了，张牙舞爪简直就是不把我脑袋放在眼里，尽情地在我头上作威作福。

最让我恨得牙痒痒的是乔二狗！这货从小学起就笑我缺门牙，冬菇头，现在又开始取笑我满头弹簧。

以至于每次看到他从我座位经过时，意味深长地看着我笑，我都强压住心中揍他的冲动，告诉自己君子动口不动手，先写张卷子冷静一下。

其实最主要的一个原因是，我已经打不过他了。小学我个头还比他高那么一大截，他力气也和我差不多，我就可以随意欺负使唤他。

现在风水轮流转，不知道乔妈给他吃什么"狗粮"了，他个子在初二就增到一米七多。

只有一米六几的我从气势上就已经低人一截，连说个话都要仰头看着他你知道是什么感觉吗？从此以后，我只能在心里打他八百遍过过瘾了。

高中终于可以留长发了，本以为只要能过我母上大人那一关，长发飘飘就能被我拾回来了，可是在我睡觉的时候，她化身为容嬷嬷把我留到及肩的长发一把剪断！

我就说物极必反，当初我和我妈讲要留长发的时候，她一声不吭还以为她终于放开政策同意了，原来后头有大招等着呢，这个阴险狡诈的皇后啊！

后来和我妈斗多了，我觉得也没啥意思，什么哪里有压迫哪里就有反抗，都是假的。在我母上大人的淫威之下，哪里有压迫，哪里就必须得有臣服。

我们高中早恋的小情侣特别多，我春心自然也跟着荡漾了，体内的文艺细胞蠢蠢欲动，想来一场青葱的校园之恋，但是这个念头没浪多久就飞了。

这次是我妈联合乔二狗搞的鬼！可能是小时候积怨太深了，他主动提出给我妈当眼线，只要发现我盯着其他男生超过五十秒，或者是说话超过三分钟，就立刻预案报备给我妈，我就得准备回家接受思想教育。

但是作为在身高尺上只停留在一米六三的我，和噌噌往上蹿到一米八的他，正式宣告他成功了！我表示心很累，无力反抗。

因为他们的"同流合污"，以至于高中时期断绝了我一切桃花，哪怕是想捡一朵烂的也没有。

小小文艺少女心就被这群"乌合之众"，联手闷死在摇篮里了。我只能在女生里找找存在感，女生们总是拿我当男票使。什么扛桌子扛棉被上楼，都被我给承包了。记得有个女生还忧伤地对我说："你要是个男的，我都要倒追你了。"

这句是赞美我的吗？我就当是吧。

但我是个很高冷的人，所以我拒绝她的追求！

其实到后来，我渐渐发现了短发也没那么不好，和我同宿舍的女生，洗完头总抱怨长头发不容易干，冬天特容易感冒；她们还说因为长所以还老掉头发，堵住下水口；她们更头疼每到冬天梳头，噼里啪啦的静电和浪费的梳头时间。

想想我头发揉一揉甩一甩十分钟就能干，感冒什么的从来不会是因为头发。再想想它顽强不屈，我用几十秒就能梳好，省了我不少事儿。想到这些我简直幸福得不要不要的，头一回觉得我妈的决定是对的。

短发它虽断绝了我高中时期一切和雄性生物有暧昧的关系，但却给我了干净方便的高中生涯，让我能静下心来好好沉寂于学习，让我在高三期间，省下了十多分钟的洗头和梳头时间。

不是所有少女都需要长发飘飘，裙摆飞扬。做个短发及耳，衬衫牛仔的女孩也可以很漂亮，而且还特别酷。

想剪短发的姑娘们，大胆地剪吧，别纠结着心上人喜不喜欢短发女孩，只要你喜欢短发，就一直保持你特立独行的倔强和勇气，终究会有个人喜欢你的特别。

我们是很酷很酷的短发姑娘，拥有晴好风景里独一无二的青春。

别忘了，你可是齐天大圣啊

简小言

我跑到一个没人的天台上吹风，没一会儿便听到有脚步声传来。正好奇是谁大晚上的那么无聊跑到天台来耍时，又想到了这样子说好像把自己也归类进去了，胡思乱想得有些头疼，便听到了那熟悉的声音：

"你上天台干吗？自杀啊？"

"我……我看风景！"

"数学41英语34，满分150分的卷子，你还真有闲情逸致啊。"

我瞪了他一眼，学霸果然是来看我笑话的！

来人正是倾北，我之前的邻居，大我差不多有十岁。我从小便一直琢磨着是要叫他哥哥好呢还是叫叔叔好呢？叫哥哥我不习惯，叫叔叔他又不服，在我还没把这个问题想清楚之前，他便搬家了。渐渐地他被我遗忘在时间的长河里，我也就没再纠结这个略弱智的问题。

我瞪着他，瞪着瞪着眼睛有点儿酸，不一会儿眼泪便开始往外涌，使劲儿憋了一会儿后终于崩溃，干脆"哇"的一声哭了起来。

我哭不是因为成绩，我是因为老邻居久别重逢太激动了，嗯，一定是因为这样的！

倾北也不惊，他没有像偶像剧那些长腿欧巴般心疼地抱着我说不哭不哭，也没有像叔叔那样恨铁不成钢地怒斥我安静，他只是静静地站着，好奇地看着我，像看笑话般看着我。

怎么说咱们好歹也邻居一场啊，咱们以前也是好哥们儿啊，就算是陌生人你也不能一副漠不关心等看戏的嘴脸吧？我哭得这么伤心你都不安慰我一下！再不济也说句男子汉不能哭之类的话让我能感觉到我周围还站着人啊！你就这样静静地看着是几个意思啊！

直到我哭累得只剩下几声断断续续的呜咽声，倾北还是静静地站旁边看着，看着……

"我给你讲个故事吧。"倾北看我哭得没力气了，兴致勃勃地对我笑着说。我生气地转过头不看他，绝交五分钟！人家可是很高冷的，你愿讲我还不愿意听呢。

"哟，这么傲娇啊！"

"你才傲娇呢！你全小区都傲娇！"

"你之前不也跟我同小区吗？多年不见光长个不长脑啊，怎么还是那么蠢？"

我哼唧了一声懒得搭理这位毒舌的人，一声不响地看着他转身搬了两块砖过来。

没错，就是建筑工地用来砌墙的红砖，我记得天台的这几块砖。那是我小时候跟小伙伴为了烧烤挡风特地搬上来的，结果刚生火便被倾北发现，臭骂了一顿后还告家长了，这砖也就堆在这里风吹雨打，想来也有些年月了啊，我不禁感慨了一下。

倾北提着两块砖向我走来，我不过是不想听他讲故事罢了，不至于拿砖拍死我啊！

倾北看了我一眼，把两块砖"啪"的扔在地上，问我还记得这砖吗？我被他这一扔吓得一愣一愣的，却也还是昂着头雄赳赳地说："当然记得啊，当年为了这个可挨了不少打，到现在还记恨在心呢。恐怕这辈子都不会忘的。"

倾北盯着那两块砖，说了句很不着调的话，他不紧不慢地说："其实我挺羡慕你的。"

啊咧？我刚刚听到了什么？学霸居然说羡慕我！

他可是高高在上的人啊！那神奇的别人家的孩子啊！奖学金拿到手软的好学生啊！从小到大他一直都是邻里大妈茶余饭后的讨论对象与我略苦哈哈童年羡慕嫉妒恨的对象啊！怎么他反过来羡慕我了呢？不知为何莫名地觉得有些开心。原来我也有被人羡慕的地方啊，我也是神奇的别人家的孩子呀。只是叔叔你羡慕我啥呀？羡慕我比你年轻吗？谁又没年轻过呀？

"知道我为什么会阻止你在天台烧烤吗？"

我继续愣神，不就是多管闲事，怕我一不小心把这栋楼给烧了吗？

他接着自顾自地说："怕有危险只是其中一个原因。主要是因为我的私心……我也喜欢烧烤，喜欢在楼顶玩，可是我不如你，我没有那个胆量，我怕会被发现，怕会有危险……你做了我一直想做却又不敢做的事，我不仅羡慕你，还挺讨厌你的。"

咦，画风转得太快，我有点儿接受不来。羡慕就羡慕嘛，干吗还讨厌我？由羡慕升华为嫉妒讨厌？跟由爱生恨是一个道理吗？我脑细胞有些不够用，但这仅仅只是开头而已。倾北丝毫不容我断片休息会儿，在我想得头更疼的时候，开始了他那俗套的励志故事……

"在很久很久以前，有一个可爱的小男孩儿……"

"等等！很久是有多久？是盘古开天辟地的时候还是两个小时前？这个可爱的小男孩儿是王子还是骑士？"

倾北瞪了我一眼，我乖乖闭口不再说话。

在不怎么久也不怎么近的以前，有一个很普通的小男孩儿，他不是王子也不是骑士，他只是跟所有的孩子一样，被长辈寄予了厚望，家教的严格让他喘不过气，他没有朋友，没有休闲娱乐时间，只能不断地学习，不断地考第一名。大家都把他当神童一般供着，为了这个虚名，他也只能一直绷着自己努力，一直压抑着自己。

男孩的邻居有个比他小了差不多有十岁的小孩儿，那小孩儿特别调皮，整天嘻嘻哈哈吵吵闹闹地拉着男孩儿玩耍。但也好在还有小孩儿的陪伴，男孩儿的日子也不会太过孤独无聊。

可是那小孩儿也太能闹腾了，七八岁的年纪是无法学会安静的。后来，为了不让邻家小孩儿影响他学习，望子成龙的父母学孟母三迁便带着他搬家了。

男孩儿从小镇搬到了大城市，大城市灯红酒绿的快节奏让他更加喘不过气来。

在这里的每个人都很忙，没人有空搭理他，在各种不适应的情况下他也就越发想念那个吵吵闹闹还老是叫他叔叔的小屁孩儿，想念的感觉很苦，但真正苦的还在后头。

到了学校他才发现"人外有人，天外有天"的完美注解。在这里他不再是第一名，没人再把他当为天之骄子，没人会一直捧着他，他只能用更多的时间来学习，努力地维持着他那易碎的骄傲。

但是，不是所有的努力都有回报，第一次考试他便考砸了，第一名是个女孩儿子，男孩儿只能屈居第二名。

骄傲久了的人都有一个通病，就是一旦遇见一点儿小挫折便会很难接受，虽然不会一蹶不振，但也很难缓过来。各种压力与不服瞬间袭来的感觉，让他郁闷了很久，最不甘的是把他推下谷底的还是个看起来很弱的女孩儿子，直男癌瞬间就犯了。

但女孩儿子只是看起来很弱，学习成绩毫不含糊，而且各项全能，这种只符合在小说里出现的人让男孩儿追得很吃劲。好在男孩儿也不差，终于在最后一场考试赶超了她，他们考上同一所大学，再然后，女孩儿成了男孩儿的新娘，他们幸福地生活在一起。

所以，你想说什么？

倾北看我仍一副无所动容的模样，终于有些怒了，但转瞬又骄傲地说："那个男孩儿就是我！"

"我知道，你这个心机男！不就是在炫耀吗！我没有女朋友我也没有考过第一，连第二都没有……"我喷喷地不满。倾北笑着拍拍我的肩膀，"不愧是大圣，参得就是比别人透彻啊！连这层都被你领悟了，不错不错。"

这个时候我要是顺着倾北的套路走下去可就真的输了，于是机智的我赶紧转移话题："什么大圣？"

果然这次轮到倾北发愣了："你连这两块砖都记得，竟然不记得你外号叫大圣？"

倾北指着地上那两块砖，觉得有些不可思议。

大圣？那么久远的事我怎么可能都记得那么清楚呢，你搬走时我刚幼儿园毕业没多久啊！你怎么不问我记不记得小时候你还抱过我呢？

可倾北就是倾北，向来只有别人顺着他说下去的份，他从来就不理会别人的反问的啊，所以他又开始埋汰我了："那时你可调皮了，我叫你泼猴，你总说自己是大圣……"

泼猴，你这么一说我就想起来了嘛，不对！不是泼猴！是大圣！齐天大圣！

"无所不能，不可一世的大圣怎么会沦落到英语数学两科加起来都达不到一科的及格线，跑到天台看风景的地步呢？"倾北用一种鄙视的眼神看着我，仿佛想说不认识我，有点儿失望当年嚣张跋扈的我变成如今这般模样，我知道他要收回那句当初羡慕过我的话了，于是赶紧补救，想法挽回点儿形象。

"喷喷喷，胡说什么呢！英语满分是100不是150啊！两科加起来达及格线了……"我似乎像维护着些什么般强词夺理道，语气越来越弱，弱到连自己都骗不了，不想再编下去。我低头看自己的影子，突然自己显得多么渺小无力……

倾北鼓励般拍拍我的肩膀，温柔地摸着我的头说："好孩子，不哭啊。"

于是我成功地又一愣。

我都哭过好久了！你现在安慰又是闹哪样啊！我竟然还有那么一秒觉得你温柔！错觉！肯定是错觉！大概是烧糊涂了吧，难怪一直觉得头疼。

一想到我可能被风吹得有些发烧，我吓得赶紧就跑下楼回家。"高三党"的时间可是很珍贵的，我没那么多时间可以生病。瞬间我打了鸡血般元气满满地跑了，丢下倾北在原地凌乱着。

在我跑开的那一刻，我听到了背后的倾北跟我说了一句话，声音很轻，但我确定我听清楚了，他说："别忘了你可是齐天大圣啊！"

一个永远新鲜的小兵

衔 猫

我成年了。

我上大学了。

我拉着箱子，真的去了远方。

在机场，我捏着一张改签的机票飞奔着走过一个又一个窗口，掠过一个又一个路牌指标，成为倒数第二个登机的乘客。事实上我提前两个半钟到达机场，然而我最擅长打破计划搅出意外。

第一次乘飞机，老天爷，真感谢那个倒数第一。笨拙到不会系安全带，虽然极不好意思，但还是微笑着问出口，"你好，请问这个怎么弄呢"？我喜欢这样的自己，有点羞涩的，新鲜的，但是很大方。我也喜欢明知道一坐汽车就吐得呕心沥血但每次都说我就是想去而且不要你送的那个自己。不是要强，而是克服。

初来乍到，六点到校，我首先邂逅的是我大学生活的第一次夕阳，以及夕阳下穿着军装刚结束训练的师大新生。一切平庸日常在夕阳的熏染下都成了景致，就像电影里过了滤镜的场景，我居然有一种倦鸟归林的快乐。我忍不住跳了几步——当然，我能跳是有人帮我提庞大的行李箱——一个在群里聊过几句天的染着黄头发、戴着耳钉的男同学，因提前几天到校觉得无聊而去接我的机。果然，我总是在依靠陌生人的善意，还是没心没肺的人总能莫名其妙碰上好运气呢。

开学第一件事就是军训。我每天都过得慌忙错乱晕头转向。我变得无比合群，无论吃饭洗澡都跟在别人屁股后面，因为在这偌大的陌生校园我认不得路。我每天早上都会被冻醒因为我忘了带被子我想上网买然而我又忘了支付宝号码。我在超市和小卖部都找不到五羊甜筒，不经意说出来的白话没有人听得懂。我在这里认识的第一个朋友是在烈日下晕倒在我怀里作为开始。网上流传着一个段子：交着大学的学费，过着初中的生活，睡得比高三还晚，破事比小学还多，心中比幼儿园还迷茫，钱花得比流水还快，这就是传说中的大学。

这些都是真的。

没几天我就发现，上海消费真的高到封顶，令我伤感的是吃几乎就是我的全部开支，身上的每一寸赘肉都在滋滋作响可我控制不住呀，芒果沫沫打好像很有趣值得一试或者十试。

还是说回军训吧，每天向右看齐立正前后左右转来转去齐步正步踏步跑步暴晒挨批检讨反省吼口令。因为在领导面前做错一个动作，晚上全排被关在教室里被导生学长狠狠说上两个小时，晓之以理，动之以情，讲大学讲梦想讲人生讲意义，鸡汤中带点儿狗血，狗血中拌点云南白药，那感觉跟在烈日下站军姿相差无几。如果是在初中高中，当我看到长发飘飘的学姐看到走路带风的学长，听到广播台传来的美妙声音，遇到过来人娓娓道来的一切，我总是想变成他们，变成游刃有余的那个，脸上有不动声色的表情，有很多方法路子和故事，所以有资格不屑和装酷，也有本钱说教和号召。但现在就算在陌生校园里找不到厕所遇到老师模样的人不敢问，好想吃冰淇淋找不到人陪，我也不再会有那种"什么时候才能混成老油条啊"的愚蠢想法。

我看到自己脸上有紧张而敏感的表情。

我感觉到那种面对新的一切时的兴奋。

我开始重新思考我想要野心还是被窝。

我警醒着身体里面的坏习惯和恶根性。

我希望自己永远永远不要混成老油条。

成年之际，我才惊觉，那个因为害怕迟到而在噩梦里跑出一身冷汗的自己是多么可贵。

军训时吴教官要选一些女生去练拳，王教官对着我们吼，想去练拳的女生给我站出来！我们连队多的是人，我不稀罕！我有过犹豫和退缩，但在吴教官问到我时，我还是小声地，坚定地说，想。王教官脾气火爆，好胜心极强，语气里对我们这些自愿去练拳的女生各种冷嘲热讽，你们不要以为去练拳啦不用军训啦有多舒服，练拳比军训还要辛苦十倍！别说我没提醒你们！结果是，包括我在内的几个女生被刷了下来。旁边的女生问我怎么又回来了，我说因为教官不要我，我没被选上。

我觉得这没什么。我觉得有什么的是总教官的态度——当有一个新事物出现，我想去尝试，这有什么问题？

有趣的是，因为练拳女生人数不够，总教官第二天又来拉人，这次换了一套说辞：想练拳的就去，别害羞。这是好事！真的是好事，去的都是优秀的队友！

我想，也许军人只讲纪律，不需要讲道理。

晚上有联排活动，学姐问我们谁想去参加大合唱。我很干脆地站出了队列。众所周知，我喜欢唱歌。哦不，现在众所不知了。在排练到第n遍时，我被导生学姐拍了一下肩膀——这意味着，我被淘汰了。

学姐笑了又笑，欲言又止。然后要在我们被淘汰的人中挑出三名——类似于复活赛，然而也没有翻到我的牌子。领唱的学长深呼吸，说着抱歉的话，我在气氛煽情起来之前打断他，你不用解释了。

看第一季中国好声音时，最喜欢的选手就是张玮，上台就唱歌，唱完就下场，没有故事，不讲心酸史。被淘汰了也没有什么话说，酷到毛里求斯。一直不喜欢那英导师那种安慰式煽情。

被淘汰的人要走回教室，我听到同行的几个女生说着话，有的觉得不公平，有的觉得很丢脸，有的不甘心——我明明唱得挺好挺好的呀。听到这句我忍不住微笑了一下。

仔细想想，高中以后，我很少主动去参加什么活动了。都是被推着走，像闭着眼睛在刷牙。当我活跃起来，却屡遭挫折。心里当然有点儿小失落小沮丧，但勇气和斗志更多。在这里，我是新人，一个新鲜的小兵总是活力无限。

呆在一个固定的圈子里，总是轻易能得到肯定和宽松，鼓励和关心。在以前我的声音一直是我的优势。已经很久没有被拒绝，没有被质疑"你行吗"，没有旺盛的表现欲。我的野心在苏醒。

很好。

肩膀被拍下的那一刻，我对自己说。

从来没用过苹果手机，但看过乔布斯的自传，这个完美主义的偏执狂，在他生病时说的最让我动容的一句话是：关于我，应该谨记的关键一点是，我仍然是个学生，我仍然在新生训练营。

我是新兵，我即将上场。

132

猫 的 流 浪

绿 箱

阿喵很喜欢猫，也喜欢别人叫她猫，不过阿喵是我的专属。基本上当我"喵喵喵"地叫时引来的不是猫就是阿喵。

我和她是截然不同的两种人。我喜欢宅在家看推理小说看漫画，她喜欢化妆逛街谈恋爱，当我看完一本书，她就结束一段恋情。我抱着我的漫画醉生梦死，她却在恋爱与失恋间徘徊。

我原先和她同班时，并没有多少交集。那时她在我们学校已经很出名了。

一天放学以后，阿喵被两个外校的女生堵在楼梯口。我听不清她们说了什么，但看到其中一个女生抬起手打了阿喵一巴掌，我看得很清楚那一巴掌打在了哪里，多大的力度。那会儿也不知是抽了什么风，大概是漫画看多了把自己想得太正义。我冲过去把阿喵挡在了身后，回敬了那个女生一巴掌，然后我就怂了，拉起阿喵的手就跑，跑不动就停了下来。阿喵笑得上气不接下气，仿佛左脸颊的红肿不复存在。她给了我一个大力的狠狠的拥抱，在我耳边笑开了花："谢谢你！"

突然间我觉得或许阿喵和传闻说得不一样，她的心底住着普通无奇一个小女生。

阿喵带我去她家。在老城区的小巷子里，两层外加一个小阁楼，带个露天的院子，是个典型的南方小镇的民宅。她说她不喜欢和父母一起住，所以一个人住在老房子里，偶尔姐姐会来陪她。

她给我看了一个万花筒，里面是一串身影，浮世绘风格的和服女人，只要一转动身姿和衣服又会变化。

"好厉害！"

阿喵害羞地挠了挠后脑勺儿。她是那种不禁夸的人。

她说，万花筒是她自己做的，做了好久才成形的。

阿喵她很喜欢做一些小手工，手链、项链、流沙、手表……她的东西都是精细费事的那种。很多时候我们在一起，我在一旁看小说漫画，她就在一旁做东西，一个下午就消磨掉了。

阿喵也喜欢搜罗一些奇奇怪怪的东西。她有一瓶1974年的可乐，听说是花高价从国外买的，我想不通，又不能喝干吗花那冤枉钱；她有柚子味的葡萄汽水；她有二十三种口味的一大箱弹珠汽水，然后在寂寥无人的深夜，玩儿。

我们会一起逃课，一起逛街，手牵手肩并肩，把许多的情话和秘密说在了彼此的左耳里。尽管到现在，阿喵依然没能明白东野圭吾是谁，《白夜行》是一本书而不是一种行为，也不懂日本漫画的顺序是从右到左。我也不知道她口中那个隔壁班篮球打得很好的男生是谁，也分不清各种品牌的标志，但这都不妨碍我们交换彼此的梦。

半夜她睡不着会打电话来叫我唱歌哄她；有的时候她也会玩心大发地去坐小孩子玩的摇晃车，然后叫我拔她出来；有时候她会去买宵夜，把宵夜放在电梯里按完楼层就走，我呆在电梯前等宵夜却从未见她上来；虽然老是说我做饭很难吃，但每次都会一样不落地吃干抹净……

或许吧，最初的友情比爱情还要缠绵悱恻。

我的很多习惯就是从阿喵那学来的，即使后来她离开了，可是很多事情就像胎记一样留在了身上。我对口红收藏成癖的习惯就是阿喵传染的，喝汽水的习惯也是，还有我原先是不喜欢猫的，因为阿喵的缘故，我也变成了一位忠厚老实的的猫奴。

阿喵家里有很多的猫，有的是捡来的，有些是不请自来的，有些是来暂住的。

阿喵每天都会在院子里放很多盆碗，从菜市场的鱼贩那要来的边角料和内脏，拌上剩饭，放在里面。一开始，有一些流浪猫路过会去吃，慢慢地有些胆大了，干脆在阿喵家里住下。偶尔会有一些猫在此歇脚，也不久留。阿喵的家就像流浪者的青旅，聚集的猫群越来越大。

阿喵提供吃的而已。

阿喵说，她很羡慕猫，她觉得猫就是天生的流浪者，哪里都可以是家。

她说，她以后可能会去流浪，随便哪里都好，没钱了就停下，打打工，卖一些自己做的小东西，攒够了钱再接着流浪。

我没回答，一笑而过。

这是每个文艺青年藏在心中的梦，但真的放下一切说走就走的人又有多少。我不愿揭穿阿喵的梦。

不过，阿喵就是阿喵，她的行为只是超乎人类的理解范围。

后来，阿喵真的走了，带了些衣服和吃的就走了，无声无息，没有任何征兆地离开了，连告别的机会都没有。我一下子就慌了，有个人突然间从我的生活中消失不见了。我不断地打她的手机，找她的父母，找之前和阿喵比较要好的人，没有人有她的消息，仿佛一下子人间蒸发了一样。那段时间我几乎要崩溃了，我甚至怀疑阿喵这个人是不是真的存在过。

几个月后，我收到一个从西藏寄来的包裹，寄件人写的是阿喵的名字。里面有一个我从前称赞过的"日本女人"的万花筒、几张明信片和一张她在布达拉宫前的自拍，照片背面写着："布达拉宫没那么美。"

此后她就一直断断续续地给我寄包裹，每到一个地方就拍几张照片和一小段无厘头的话。

她会在1月的时候去漠河吃旺旺碎冰冰，然后写给我说："漠河真冷。"

会去南澳照北回归线，再寄来说："就去看个球。"

会在日本书店里照一张《白夜行》的封面，然后用卖萌的语气写道："嘿嘿，本来想给你买本原版，结果一不小心把钱花完了。"

……

她还是乐此不疲地谈恋爱、寄包裹、拍照片，给我讲她在旅途中遇见的各种各样的人。她的个子倒是出乎意料地生长着，她发给我一张海关的体检单，长高了七厘米。头发也变长了，也瘦了很多，一张在富士山下的照片里，锁骨就像风干的稻草一般暴露在毛衣外面，面容也沧桑了很多。唯有鼻梁上那颗痣和眼底闪耀的光芒与记忆中的她依旧。

她的行踪飘忽不定，我无法给她写信，手机和网络是我们唯一的联系工具。后来啊，她的手机丢啊丢，我的住址换啊换，她给我寄的东西越来越少。

故事的结尾也难免落俗。我们都游走于自己的世界，见的人多了，爱的人多了，最终我们的友谊消散在彼此的江湖里，只剩下一地狼藉的记忆和遗忘的包裹。

其实我和阿喵不应该能成为朋友的，我是个喜欢抱着旧回忆不放的人，阿喵却永远不会留恋任何一处风景、任何一个人。

我做事总是想太多，我想，我大概一辈子都学不来阿喵的随意。

阿喵说她羡慕猫，可在我看来她就是一只猫。她可以活得很洒脱，她可以满不在乎地说走就走，不理会家人，不理会朋友，不理会我，她永远都只听从自己的心，她血液中也依然流淌着猫流浪的天性。

我一直以为，等到有一天，等她把风景都看透，就会回来陪我看细水长流。

可她总有看不完的风景。

后来的后来我去过一次阿喵家的老房子。

推开木门，一切已经不是记忆中的样子，屋檐下结满了蜘蛛网，粘粘着灰尘，墙角布满了青苔。猫群早就散了，剩下几只老得再也不能流浪的猫，躺在院子里晒太阳。

只是不知道，猫再次流浪时，会不会有人给他们一个家。

窗　外

吴禹伦

　　作业本上被各种作用力牵引着的小球和形态优美的函数曲线，从不像题目上描述的那么有吸引力，尤其是在这透过窗子吹进我心的风中，我的注意力轻而易举地随之飘走了……突然窗外传来三两个孩童的欢叫声，一声高过一声，在湛蓝的天空中似乎有渺茫的回音，或许，那是我童年的欢欣在内心的回响？

　　我一阵激动，撇下作业望向窗外——一幢灰色的大楼板着脸突兀地迎上来，撞得我几乎倒退一步！城市里从来就少有春光，刹那间我有了一种被困在监狱里的感觉。原以为这一方窄窄的书桌拴住了我享受春光的眼睛，这几平米的小书房和坐满几十个如我一样求学少年的教室牵绊了我们奔向自然的脚步，可是，窗外的楼群，楼群外的城市，是不是仍然囚禁了我们向往天空的翅膀……

　　这城市就是一个樊笼。我可以逃离书桌、逃离教室，却难以逃离水泥筑成的城市。城外呢，那是大自然的天地。春天有绿色的田野，秋天有金黄的麦穗，农夫戴着草帽，唱着纯朴的歌……我想起梵高的那幅画，巨大的画幅上，那耀眼的金黄，能激活任何一颗绝望干枯的心灵，哦，连杂草也是那样充满自然的光辉。我多想到那画中的一片金黄中去，我多想拥抱那充满激情和希望的颜色，最好，让我也变成那样的金黄或者嫩绿，去充当梵高的模特……

梵高并不是写实的画家。我极力想在脑中构建一个真实的城外乡村的美景，可是脑中一片空白。我原来并不知道城外的样子，我并没有注意过城外的景象，也许，我也并不关心外面的世界，没有心系天下。我蓦然发现，在学校和家两点一线的单调轨迹里，我一直过着被知识异化的生活，被学习填充得脑中只有知识，被利益吸引得眼中只有目标。我可以在作文里写下各种高大上的论调，但心中缺乏真实情怀，对他人、对世界缺少关心和关注。看似城市束缚了我，雾霾遮住了阳光，高楼隔离了自然，但实际上捆绑住我的是自己的内心，我想像不出城外的景象，那一片空白其实恰是我的内心。

同样读万卷书，有人才华横溢，有人呆气愈浓；同样行万里路，有人见多识广，有人走马观花。我们生而自由，可多数人无不在枷锁之中。这枷锁不是他物，就是我们的心。闭塞心灵，它就永为樊笼；敞开心扉，则心与世界等同。现在我的心将我束缚在这城市内、这教室中、这书桌前。城外于我，自然是一片茫然一片混沌。

房间有门，可以开门而出；楼群有隙，可以走出楼群；城市有路，可以逃离城市，可是自己的心却无法越过。心如城市一样大，甚至只和教室、书房一样大，那即使有门、有隙、有路，我们也走不出这樊笼。

王阳明曾说："心外无物"。心外，永远是一片空白，而且永远都是那么广阔。世界不会小到只有目标，记忆也不会萎缩到只剩下知识，更不仅仅是课本上枯燥的数理化。让我们敞开心扉，放眼世界吧。在心外，永远都有一片神奇的未知天地，世界辽阔得没有边际，只有自由在荡漾。逃脱樊笼，就在一念之间。

最好的时光，都用来浪费

亦青舒

1

小城镇的冬天总是灰扑扑的沉重，大朵大朵的铅灰色云总是泊在头顶的天空，叫人觉得没劲。早晨六点半的街道，东边透着一点儿淡淡的蟹青，街道上大部分店铺闭着门，唯有几家早餐店摆了蒸笼，亮着橘色灯泡，一盏盏浮在夜色里，像少年惺忪的睡眼。

你背着双肩包，连同你的单车一起在清晨空旷的马路上狂奔得如同一只小兽，连闯三个红灯，抄了小路杀进学校的后操场，把单车和书包往草地里一扔，狂奔三百米找到班级的队伍。你气喘吁吁地站在老陈背后，艰难地张口问她："老张……点名……了吗？"

"早点过了。"她幸灾乐祸地笑。

你脸上的表情立刻就垮下来了，眼里是濒死之人才有的绝望。

"那我们现在开始点名了啊。"前面忽然传来班主任中气十足的男高音。

"老陈你又骗我！"你喊起来，伸手就用她的外套帽子兜住她的脑袋，瞪着她帽檐下露出来的一双亮晶晶的杏仁眼。

可能十七岁就是，死党再怎么要你，她冲你一笑，你就没了脾气。

2

早操结束，老陈陪着你去那片草地里找单车和背包。

"你就不能稍微起早点吗？"她一脚深一脚浅地踩在没人膝盖高的草地里，大声对着你嚷嚷。你总算找到了可怜兮兮的单车，抓起深色背包往身上一套，转身对她微笑："不能。"

两个人一路抬杠走进教学楼，你远远就瞥见前面楼梯口那个穿着深灰色外套的身影。

"前面那个人是某某吧？"老陈忽然停住脚。

某某是八卦绯闻里你的官方CP对象，高中生说到底也没能摆脱幼稚和八卦的本性，依旧热衷于帮身边的人拼凑良缘。你和某某相识多年，两个人成绩好得不分伯仲，前后桌的地理位置决定了你注定会深陷在这个流言无法脱身。

"不是。"你目不斜视，笔直走向了另一个楼梯口。

就在前两天你发现某某和班里另一个女生走得越来越近，就在昨天还碰见他们一起在早餐店里坐了同一张桌子。最过分的是，那个女生一到课间就找尽理由赖在你旁边不走，还老拿着近代史的题过来请教你，问得你都能在心里把近代史的时间大纲背下来了。可是你才不会告诉老陈你心里有点发酸，你对班里的这种闲言碎语从来不关心，对某某这个人也没有任何想法。

他也没什么好的。不过个子高一点儿，成绩好一点儿，穿灰色套头衫的时候好看一点儿而已。你这么赌气地在心里想，又朝着那个方向瞥了一眼。

真的。

可能十七岁就是说尽违心的谎，还骗自己真的相信。

地理课最难了。

你焦虑地坐直了身子，试图努力理解黑板上黄赤交角的那道题，看懂老师画得层层叠叠的板书。可是依然没什么用，地球运动的奥秘是你文科生涯里众多未解之谜里的一个。

时差计算，正午太阳直射角度，地球上密密麻麻的经纬度一起联手把你捆得无力挣扎。你低着头对着一幅局部气压图判断天气变化，手心里沁出细细的汗。数着班级名单，这节课老师就快点到你名字了。

可还是判断不出来。

你抬起头朝右后方投去求助眼神，结果对方完全没能接受讯号，正埋着头在桌底下玩PSP。你急怒攻心，抬脚就往椅子底下的黑色帆布鞋踩下去。

"啊——"果不其然，这家伙就是一点儿痛也忍不住。你朝天上翻了一个白眼，低头又作无辜状，像只安分的鸵鸟。

"怎么了？"地理老师关切的眼神落在某某身上，确认他没事之后，顺势就把他叫起来答题。你感受着如芒在背的敌意，心里却是非常雀跃的。

"试卷第十六题。"你小声提示，为心里那点儿尚未泯灭的良心。

他很快反应过来，说出答案："气旋过境，低压控制，可能会有台风灾害。"

地理老师露出赞许神色，颔首示意他坐下。

下课铃正好响起来，又救你一命。

"你解释一下。"某某的笔戳了戳你的后背。你忍住笑，回头看着他："解释什么？"

"这道题很难吗？"他这种招牌式嘲讽微笑倒是从不在那个女同

学问他近代历史的时候露出来，你闷闷地在心里想，瞪着他又说不出话来。

他叹口气，掏出一本黑色封面的笔记本丢在你桌面："太笨了。"

回家以后，你躲在被窝里，翻着他的笔记本挪不开眼。那些笔记标注都极简单，却又通透。方块字好看，寥寥几笔画的地形图好看，铅笔抹出来的漫画小人也好看。明明笔记本里只有黑蓝白，你心里却有大片大片的粉色，漫山遍野地溢出来。

你忽然不想生气了，只想认认真真做完这张地理卷子，然后发短信问他，明天要不要一起吃早餐。至于其他账，就以后再算。

十七岁就是你只能把按捺不住的心情，一笔一画写进台灯下的日记里。

4

你那年十七岁，站在年末的圣诞树下偷偷地闭着眼睛许愿。

希望数学能再好一点儿，希望自己能再瘦点儿，希望额头上昨天长的那颗痘痘早点儿消失。

希望妈妈别再盘问你为什么不穿秋裤，希望早日拥有第一支口红，希望你喜欢的那个人，许愿的时候，也正好说的是你的名字。

希望高三快结束，离开小城镇去更远的地方，但你爱的那些人，一个也不会丢掉。

你睁开眼，装作若无其事的样子，走进了熙熙攘攘的百货商场，站在自动扶梯时看着楼底下的那些围着圣诞树的小孩子，露出八颗牙的会心微笑。

对，你和圣诞老人说好了，你会好好努力，其余的都交给他。那些充满不确定性的神秘莫测的因子，被世人称之为"命运"的疑云，都放心扔给他！你要做的只是刷完剩下的试卷，整理好文史科目的笔记，背完该背的考点，走进最后的考场里，答完那四张十六开的考卷而已。

你站在冬天的雪地里，系着浅灰色的围巾，在心里对着看不见的圣诞老人用力挥手。

期待着明年夏天就收到他迟来的礼物。

5

后来你的十七岁过去了。

原来高中时代短得也不过只有三个春秋，眨眼就溜过去的时间对你没有半点眷恋，毕竟它还赶着去赴别的女孩子十七岁的约。也只有回忆像个小孩儿一样缠着你，摊开手心让你看时光留下的糖果——那些甜蜜的馈赠。

一节又一节无聊冗长的政治历史地理课，把厚厚的日记本埋在卷子下面，奋笔疾书。关于未来有一百种假想，觉得自己有无限可能。考得好就忘乎所以，考砸了就和老陈翘掉晚自习去压马路，在冬天的路边摊吃热气腾腾的关东煮。对着老陈你什么话都敢讲。

你说你总有一天会去很远的地方，成为一个很厉害的人。

校门口的小吃街总是很热闹，五块钱就可以买到超好喝的热奶茶，牛肉面的浇头总是热气腾腾，卖鸭锁骨的那个叔叔有艺术家的气质，扎一个小辫子，十指颀长优雅。你和老陈总是打赌，他什么时候才会攒够买鸭脖的钱，继续去艺术学院深造。

有些事过完十七岁就再也不会做了。

你再也不会顶着乱得爆炸的短发冲进教室，躲在书立后面吃热气腾腾的包子了；也没办法和同桌在放学后，勾肩搭背地去校门口的小吃街喝酸梅汤了；你甚至没办法再听到班主任的早操点名，也不再需要骑着单车，在深冬清晨的空旷街头，狂奔得如一只小兽了。

圣诞老人也不算辜负你，只是你爱的人，随着那一年措手不及的分别各自离散，再翻找起来，终究是疏远了。

你有一天在微博上读到句子：

　　那时候你和一位大眼睛总为脸上痘痘烦恼的女孩子排着队发愁一会儿要出成绩的月考，自以为很忧郁的样子。你曾以为那就是永远。然后几个春夏眨眼间就过去了，才发现，原来青春给你的最后礼物是一场措手不及的分离。

"然后你才后知后觉，这段好时光，到底还是浪费了。"

你的眼泪忽然就涌出来，想起十七岁，原来已经过去三年了。

你才不是没有故事的女同学

舸 轩

最初我相信每个人都是独一无二的，遇见D小姐后我开始怀疑。

D小姐相貌平平，也不特立独行，生活波澜不惊。她是那种坐在角落里就会被人忽略的人，平时也不大被人谈起，就像她不怎么八卦别人一样。

她平常待在角落里看小说或者漫画，偶尔戴上耳麦听音乐，总是沉浸在一个人的世界里。她偶尔找我问数学题，最初用手指一下题目，边听我讲题边点头，最后说声"谢谢"，就安静走开了。总之D小姐话不多，上课被提问的概率也不多，所以我听到她的声音时，总感觉有点儿陌生。她不算独来独往，但也不怎么活跃，几乎一直在潜水。

月考时，我忘了涂答题卡，导致英语惨败，连吃饭的心情都没有。谁知D小姐不动声色地帮我打饭，"不吃饭对胃不好，也不要不开心，你看我涂了答题卡也考不过你……"印象中，没有谁像D小姐这样，用那么真诚的声音，不厌其烦地安慰我。看着嘴角上扬的D小姐，我突然有点儿感动……

陪D小姐看海那天，海风很大，直把她的长发往后甩。海浪汹涌，拍到岩石上溅起一堆泡沫。我问她为什么突然想看海。D小姐说她知道我心情不好，所以叫我来海边走走，也许心情会好转。我感到诧异，因为我以为我把忧伤隐藏得很深，没想到被她看出来了。看着一望无际

假如你还是那个笨小孩儿

的大海，我并没觉得心情好转，反倒想坐在海边，跟小王子一样，看四十三次落日。D小姐捡了块手掌大的石头，用力抛出去，飞起一线泡沫。"你知道吗，那些不如意的事，只不过是些无关紧要的泡沫，最终会被急涛淹没的。"D小姐接着说，"我从小在海边长大，不开心时就看海，看久了，感觉坏事情坏心情跟泡沫一样……"我第一次听到D小姐说这么长又深有哲理的话，而当我再次看海时，觉得自己在大海面前是那么渺小，心情也就无所谓好与坏。那一刻，看着笑若灿阳的D小姐，我感到很温暖，谁说D小姐不是独一无二的呢。

而我没想过有一天，乐观的、不厌其烦地安慰过我的D小姐居然哭了。我问她怎么了，她却哭得更凶。我很想安慰D小姐说，你说过的，不如意的事就像泡沫……但我终究没有说出口，感觉那些安慰别人的字句，往往安慰不了自己吧。午休前，D小姐来找我，支支吾吾地说，是她突然觉得自己一无是处，就像追逐光的影子……说着说着她眼圈又红了，最后说了一句："没有谁会喜欢，没有故事的我吧……"

可是D小姐，你不是影子，更没有一无是处。我觉得你很有故事，而且你笑的时候很美。

D小姐，没有谁注定是影子，每个人都可以成为光，再微弱也不卑微的光。你再平凡，都那么独一无二。

真的，我觉得你很有故事。你从小在海边长大，看泡沫都能悟出人生哲理来。你能敏锐地觉察到谁心情不好，然后不厌其烦地安慰难过的人。我看过你画的绘本，画的都是你的故事，什么城南旧事，海边的风车，追风筝的女孩……你有那么多温暖美好的记忆，就一定拥有好故事。有故事的人，怎么会一无是处呢？

你终于笑了，D小姐。你看你笑的时候，多像安河桥下清澈的水……

不必戒掉直视太阳的毛病

就这样悄声无息地，在历经了无数个翘首期盼的昼夜后，时光列车终于驶进了高考终点站。我们像上了瘾一样还是忘不掉彼此，就像始终戒不掉直视太阳的毛病，哪怕明知烈日灼眼，还是要爱到除非彼此厌倦。要问我的青春期最大的幸运是什么，我想啊，一定是遇见那么特别的季李淇瀚，最重要的是，他恰好也喜欢我，就像我那么喜欢他一样。

不必戒掉直视太阳的毛病

范叶婷

1

初三毕业后的暑假，我每晚玩电脑"奋战"到凌晨，比冲刺总复习时睡得都晚，第二天总是日上三竿才强迫自己从床上起来，直接略过早饭这一人体必需程序，活得像鬼一样。果然没过多久身体就提出抗议——胃痛。疼痛难忍，妈妈虽嘴上责怪着我不听话却还是焦急地带着我跑医院。遇见季李淇瀚时妈妈正忙着排队挂号，我捂着肚子跟在后面，胃部撕咬的疼痛让我直不起腰，妈妈让我去旁边的座椅等她。我低头转身却不想一下子撞上了后面同样也低着头正忙于清点手中单子的人——是个年纪与我相仿的少年，他很高，再加上我是弯着身子的，所以瞬间将他手中大大小小的单子撞得散落到地上。我惊慌失措，一边重复对不起一边慌张地帮他一起拾起单子。相比我的紧张，他显得从容得多，说话时还带着浅浅的笑："没关系，我自己来就好……"拾好单子后我便立马仓皇而逃。

医生开了两瓶吊水，妈妈赶着上班，留我一个人坐在注射室里。就在我发呆放空无聊到开始在心里默念《出师表》时，熟悉的微笑少年搀着一位老人走了进来。老人输上液后在我旁边坐下。正当我偷瞄少年打算仔细看清他的脸时，没想到他竟先开口了："同学你肚子痛吗？我看到你刚才弯着腰很难受的样子。""嗯，胃痛。你陪奶奶看病吗？"终于有可以说上话的人，我像抓到救命稻草一样决不会轻易放过。"嗯，我奶奶发烧了。"我们就这样有一搭没一搭地开始聊起来。就是那时知道他叫季李淇瀚的，我说："你是我见到的第一个名字是四个字的人呢！"他咯咯地笑。

季李淇瀚很热心，帮奶奶倒水时也会替我倒一杯，奶奶也十分友善，还让季李淇瀚把书包里的苹果拿出来给我吃。我的吊瓶很快挂完了，临走时向季李淇瀚和奶奶告别，他笑着说"有缘再见"。

记得那天回家的路上我一直在思考一个问题——这算不算是一场"艳遇"？呵，就算不是"艳遇"也是一次美丽的邂逅了吧？

2

原本以为一切故事止于此的我万万没想到真如季李淇瀚所说的"有缘再见"，我竟在开学的新学校新班级里再次见到了他熟悉的面孔。军训时全班被教官罚站军姿，正是烈日当头，每个人都汗如雨下。季李淇瀚与我面对面站着，这种时候他竟然还敢朝我挤眉弄眼，而且我竟然还真没忍住——笑了！不知道是不是背着教官干坏事的缘由，我清晰地感觉到自己的心怦怦跳。季李淇瀚很高，站得直直的，在太阳的照耀下仿佛会发光……很奇怪，那时我们面对面对视着竟也没有丝毫尴尬，就那样呆呆地看着彼此，呆呆地站着。

我至今也不知道那时自己在想什么，也许什么都没想吧。后来问到季李淇瀚这个问题，他说："我在想对面那个女孩子是不是喜欢我啊？"听到这话我当即赐了他一拳，心里却乐开了花儿："是啊，原来那时你就预料到了。"

军训结束的那天，所有人都忙着和教官拍照留影时，我听到季李淇瀚的声音滑过耳边，"放学等我一下。"我的耳根瞬间红起来，尽管不断警告自己别想太多，可脑海中还是无法自控地浮现出我所期待的那一幕。

放学后，他说："去操场吧。"

季李淇瀚站在微风中，一如他活泼的性格，说了一大堆。他说他的优点是活泼开朗幽默风趣自来熟；他说他的缺点是丢三落四、爱钻牛角尖；他说他喜欢蛋炒饭喜欢柠檬水；他说他喜欢羽毛球喜欢游戏……最后他从书包掏出一只大大的哆啦A梦，说："最近我喜欢上一个人，喜欢到想把自己喜欢的全部和她分享，如果她不喜欢我喜欢的也没关系，我可以陪她喜欢她喜欢的。所以，对面的美女，你喜欢我吗？"

那天我们说了好多好多话，一圈一圈地围着操场走。那晚的操场格外安静，那晚知了的叫声格外清脆……

3

高二的暑假之初，我们在QQ上聊天，我用的是爸妈房间的笔记本，那天也不知道脑子是怎么想的，去上厕所时没把QQ退出就算了，连聊天的界面都没有关闭。偏偏季李淇瀚还发来了"宝贝儿"这种敏感字眼儿，让眼尖的爸爸一下子抓到了重点。

当我从卫生间出来时听到卧室传来一声巨响，赶紧跑过去，看到电脑已经被狠狠地砸在了地上！爸爸用下一秒就要杀人似的眼神怒瞪着我，锋利的目光瞪得我双腿发软，在我看到他的脸红得发紫时就知道暴风雨要来了。

爸爸让我把手机给他，他一条一条翻着我们的聊天记录，他事无巨细地问着关于季李淇瀚："叫什么名字？多久了？和你同班？成绩怎么样？家住哪里？……"他给了我两个选择，要么自己和季李淇瀚说分手，要么他亲自打电话帮我说。

我选择了前者，爸爸在旁边看着，我心如刀割地打下每个字：

"我爸发现我们的关系了,从现在开始我们分手吧。"季李淇瀚收到消息后打我手机已关机,他把电话打到了家里座机,爸爸接起后只说了一句"以后不要再打来了!"就把电话线扯了。

从那天起爸爸收起了手机电脑,也禁止我独自出门,就这样突如其来的,我和一切断绝了联系。所以那时的我不会知道季李淇瀚疯了一样一遍一遍问我的每一个朋友知不知道发生了什么事,也不知道季李淇瀚在我家楼下独自站了多久。这些都是后来朋友们告诉我的。第二天季李淇瀚拜托了我要好的朋友来我家看看我,可这点小伎俩被爸爸一眼识破,他不顾礼数把朋友拒之门外。

被爸爸关在房里的那段时间,我认真地反思了爸爸说的话。是啊,虽然我们俩都在全县最好的学校最好的班,但高中以来我的学习成绩较初中相比确实退步了,季李淇瀚的成绩也七上八下地十分不稳定,也许我们真的成为彼此前程的绊脚石呢?在冷静地进行了多次充分思考之后,我给季李淇瀚写了一封信,逼自己用理智的头脑分析我们彼时准高三的状态。我说:"我们等彼此也等自己一年好不好?这接下来的一年里我们什么都不要提,各自拼搏奋斗,一年后以更好的姿态再现于彼此的面前好不好?"

在只有妈妈在家的日子,我把信给妈妈看,向她表明了我的态度,求她让我见季李淇瀚一面,算"最后一面"。妈妈答应了,同意他来我家小区门口和我见面。一下一下摁着他的电话号码时那种手指颤抖的感觉至今我回想起仍觉得恍如昨日。妈妈尊重我,允许我独自下楼去见季李淇瀚。

我早早地站在两年来他无数次送我回家经过的那个路口等着他,当那个熟悉的身影出现在视线之内时,我还是没出息地流下了眼泪。

我说:"对不起。"

他说:"我还是喜欢你。"

我说:"接下来的一年我们可能没办法有太多联系了。"

他说:"只要是你说的、你希望的,我都会照做。"

我说："你看了信会明白的。"

他说："让我最后抱你一下吧。"

那个拥抱像一个庄重的仪式，逼着我们不得不挥别过去的一切，就算带着泪也必须要跨出新的一步。

他说，你先走吧，像以前一样，我看着你进去。

我不知道那天季李淇瀚是怎样度过的，就像他永远不会知道那晚我哭湿了整个枕头。

那个夏天真的很漫长，没有季李淇瀚、没有朋友、没有网络，我每天独自呆在房间里看书写作业。有时也会突然流下眼泪，因为太想季李淇瀚了。也许是那段时间每天都吃得很少吧，两年来没再犯过的胃病卷土重来。虽然疼痛，但我却有点享受这样的疼痛，当初就是胃痛才认识了那个人的呀，仿佛肉体上的痛到极致真的可以减轻缠紧全身每一处角落的心如刀割。

4

开学后我们都默契地没再接触对方，也知道彼此都在努力，从两个人考试屡次上升的排名也可看出来。我删除了季李淇瀚的一切联系方式，除了偶尔学习需要基本没上过网。上了高三这趟单程列车后似乎每个人都变得不一样了呢，大家都攒着劲儿往死里学，就像站在一个拥挤的人群中，所有人都在向前，由不得你不迈开脚步。

很奇怪，尽管我和季李淇瀚不再有联系，但我时常还是会觉得我们还在一起，而他就站在我身边。后来不会再想起他时突然流泪了，因为我们彼此心照不宣——心的距离从未拉远。就像信里说的，我们都在等待，既是等对方，也是在等自己。

随着时间的拉近，我们也会进行简单的互动了。记得高三下刚开学没多久，学校的樱花盛开了，满树烂漫，轻薄的阳光，斜洒在翩翩静美的粉红与素白的浪漫中，大片大片的花瓣织成一场让人屏息流连的樱花雨。季李淇瀚摘了一小枝放在我的书桌上，他说："樱花象征爱情与希望呢！"是啊，我们的爱情与希望，就如那场绚烂的樱花雨，静静绽放在时光的深处，留下永恒的记忆。

番　外

就这样悄声无息地，在历经了无数个翘首期盼的昼夜后，时光列车终于驶进了高考终点站。我们像上了瘾一样还是忘不掉彼此，就像始终戒不掉直视太阳的毛病，哪怕明知烈日灼眼，还是要爱到除非彼此厌倦。要问我的青春期最大的幸运是什么，我想啊，一定是遇见那么特别的季李淇瀚，最重要的是，他恰好也喜欢我，就像我那么喜欢他一样。

不必戒掉直视太阳的毛病

野火在远方

宁小主

空　洞

刚开学那会儿，我有点儿慌乱不安。

可能是因为高二伊始的见面就是场兵荒马乱的考试，心情始终平静不下来。接连五天，都是这样度过的。

像是突然间回到了上学期的状态，对未知未来的恐惧如潮水般覆没我。

夜里两三点钟都是醒着，意识不清不楚，也不知多久以后才沉沉睡去。

午夜梦回茫然不知所措的我，怕极了那种寂静过了头的空洞之感。

人可能就是这样脆弱到不堪一击的生物。

学　与　梦

我像每个循规蹈矩的孩子一样，麻木地做着可能不会让自己后悔的事——可着劲儿地学。

我也不知这样学习是不是真的有用，是不是真就能混个名牌大学的文凭，找个让自个儿满意的高薪工作，然后这样看似快乐地度过一生。

这似乎是每个中国孩子必定要完成的责任，上大专的仰视着参加了高考的，考上二本的羡慕着过一本线的，过了一本线的又在拼命纠结着没能多考几分选个好专业。

有时候我也会问自己，我们真要这样纠结着过完一辈子么？我理想的生活真是这样么？

是这样么？

我曾对很多人说过，真希望找个有砖有瓦的地方，和心爱的人盖一栋毗邻大海的房，不用多大，舒适就好。然后像猫那样过活，饿了就吃，饱了就睡，白天享受日光浴胡思乱想，夜里写些文稿绘点漫画。

我妈回答我说，这就不是正常人的生活，你要做的应该是好好学习，找个好工作嫁个好丈夫，生一个白白胖胖的孩子。

我很想反驳，三毛不就是休学以后浪迹江湖的吗？

她游遍异国都市，踏遍千山万水，携着书和笔漫游世界，拥有多少人艳羡的流浪的灵魂。

但我没说。

我没有，因为很多事情她不明白。她不会明白我对于想要得到的东西，会拼命抓住死不放手。

我想很多人对于得不到的东西都这样疯狂——这种势在必得的态度。

动　漫

这些天来我一直在追《新网球王子》的漫画，我喜欢龙马喜欢樱乃喜欢不二喜欢迹部喜欢手冢。

看完以后我一直尝试习惯喝罐装葡萄味芬达。

有时候很饿很苦很累就会去搜动漫，如饥似渴地看完一集后就会立刻满血复活，似乎再深的疼痛再多的困难都不过如此了。

我看过的动漫不多可是每一部都很喜欢，网王、柯南、海贼王，永远让我感知到年轻真好。

婷子比我还痴狂地坐在电脑前恶补宫崎骏的动漫，边看视频边对我说，对于动漫这种东西，十年饮冰，难凉热血。

我觉得这样很多人一起怀着希翼永不放弃的日子无比美好。

日 暖 花 甜

昨天上学我遇见平时并不怎么交流的同学，军训时因意见不合吵了一架，闹得两人很不愉快。当时想了想还是走上去拍拍她的肩膀。

她也回过头冲我释然一笑，像是从未发生过那些尴尬。

后来我们聊了一会儿，竟然觉得很是投缘，我懊恼地拍了拍脑门儿，有点儿后悔没能早些和她熟络起来。

我和她说路上看到两个吵架的年轻情侣，女方脱下高跟鞋在马路上撒泼，最后男方没办法只好帮她穿上鞋拉起她的手。

我说我喜欢看见别人过得很好很美满，看见他们和好如初，自己的心情也没由来地好起来。

她听见后也跟着哈哈笑。

我想就这样热烈地过着好不好，活在当下，看繁花盛开。

热 泪 盈 眶

午睡时我突然惊醒，脑海中突兀地冒出一个好故事，忙拿起笔写下来。

那是个红色头发穿着连衣裙的女孩儿，站在森林里睁着孤独而无助的双眼。

然而当她看见不远处微光闪烁，欢喜得就像触到未来的美好模样。

我几乎热泪盈眶。

舒婷说，野火在远方。

远方，在你琥珀色的眼睛里。

不必戒掉直视太阳的毛病

浮生·成长·不停

bottle

浮　生

我看的第一本《浮生物语》是在绍兴文理学院，那天是十二月十九号，天很冷，但是有太阳。不知道为什么我总会记得一些奇奇怪怪的日子，记得奇奇怪怪的日子里的事，但是却想不起昨天晚上吃了什么，也许就是因为昨天晚上吃的东西不奇怪所以我记不得吧。那天看到猎狮那一篇，讲的内容是什么我早就不记得了，但是我记得老板娘说，她也是射手座。这是我遇到的第一个射手座的写手，还是我很喜欢的写手。今天用一天看完一本前传，老板娘对她未出生的孩子"未知"说，也许未知赶得及的话，就会和妈妈一个星座，到时候他们俩就可以在同一阵营对抗未知的爸爸敖炽玩扫地机的游戏。

他们是很好玩的一群人。

老板娘通过一个又一个故事传达着一个又一个的道理，虽然，这些道理我们都知道，也许也从别人那里听说过，烂熟于心了，可是借由老板娘的故事那里得来，却又是另一种感觉。老板娘从一个小树妖变成了一个老树妖，从一个老板娘变成了敖炽的老婆，现在又是一个准妈妈，故事的时间跨度，从远古到现在。也许明朝崇祯皇帝你很熟悉，老板娘却给了你一个关于友情的故事，不再孤单不再有束缚；也许你觉得溥仪和婉容是清代最懦弱的皇帝和妃子，可是老板娘却给你看到一个关于信任的故事……

我喜欢《不停》，也许一生都不懂那杯叫做浮生的茶，但是这不影响我会看着浮生，然后带着喜欢的心情扎实成长。

成　　长

要洗澡前室友问我说，你腿上的疤怎么来的你还记得吗？我说记得。

那些日子里的事情我记得的少，毕竟未足六岁（也许更小），不记得热水倒下去时的痛，不记得哭的时候多么惨烈。只记得是因为水壶压着一把小剪刀，我怕小剪刀痛就把小剪刀抽出来，水壶便由于惯性倒了下来。说起来的时候还被室友骂说那么笨不会把水壶抬起来吗？我说我试过的，但是那时候力气太小。

为了不让剪刀痛我留了个很大的疤要陪我过一辈子。

再大一点儿的时候，小学一年级和妈妈去阿姨那里，回来的时候搭乘摩的，在讲价，妈妈说我们来的时候才四块钱，现在你怎么就要收五块。我在旁边说，不是啊，来的时候是五块，被妈妈捂住了嘴。

小的时候，什么都不懂，好多原始的品质都还鲜活地在自己的身上闪光，诚实、善良，虽然胆小却过得舒心。

到了现在不诚实，好多话都违心，好多事都让自己心堵，不再想去麻烦自己帮助别人，因为吃力不讨好，开始了以自我为中心。明知哪些不对，哪些不好却不愿意去改，然而不是因为懒。

《浮生》里说，不要让小人站在你的右肩捂住你的右眼，这样会看不到好多美好的东西，看到的就都是嫉妒，最后毁灭的到底还是自己。道理我懂，但是忘记了。

《浮生》里说，不要因为一次不信任就否定所有。我知道，但是

159

我差点对所有人都产生怀疑。

我知道我懂的道理很多但是很少是自己亲身所得。我知道生活时而钝痛难忍，也有很多人和我一样一边跌跌撞撞一边慢慢成长，所以每次难过的时候我都在忍，在等，忍到受不了了就会大哭，哭完就什么都没有了，然后继续往前走。

甜头和跟头，一样都不会少。

不　　停

看书大概是我不停在做的事情。不管是《浮生物语》还是《踮脚张望》，也许道理你都听别人讲过，你也都知道，但是这不妨碍你爱上一个故事，爱上故事里的人。

比如去换人民币

翁翁不倒

刚才我妈倚在我房门口，略带忧郁地问我："闺女啊，先前我给你的那几张假美元假港币你还留着吗？"

她这一说，我顿感记忆的闸门大开，波涛汹涌如江水奔腾而来。

"嗯，我想起来了。"

那时候我刚上初一，我爸常喝某牌的酒，有时候包装盒里会附送个打火机钥匙扣什么的，有几次打开还发现里头有几张跟美元一样的纸币。

后来那些都被我妈攒着，有一小叠大约十几张的样子，都被我妈压箱底了。

有一次她翻旧物时翻出来，念叨着："真的假的呀？"被我耳尖听到了，我马上冲过去，有经验地摸了一下纸币，略带高深地说："嗯，可以肯定它们是假的！啊！既然是假的就把它们给我吧。"

我妈看了一眼，果然都丢给我了。

你问我真能看出真假？

废话！当然看不出！那时咱还没接触过美元这种东西，只是电视看多了，觉得真的假的都能换各种颜色的人民币啊！

当天下午我就背个书包，揣着那些纸币，出门直奔银行。只因之前路过银行时，看见门口挂着个标牌标着EXCHANGE，还形象地画着

不必戒掉直视太阳的毛病

人民币和外币，中间一个可逆符号。

为什么我要背个书包呢？因为我觉得至少可以换一书包的钱啊！要是什么都不带，等一下一书包的钱捧手上被人抢了可怎么办啊？

后来事实证明我真的是想多了。

话说，我背着书包直冲银行柜台后，一经询问才发现，我这些数额太少了，不予兑换，他们只受理大宗的业务。

我正沮丧着，柜台的阿姨微笑地对我说："小妹妹啊，你从这出去后直走，在第一个红绿灯左拐，之后再右拐，再直走，再右拐，再左拐，那有个××巷××号就给你换哒！"她一脸慈祥地看着我。

可我真的没听懂她讲的是哪里。

但这并不影响我的激情，我燃起斗志大步走出银行。

呃，接下来是左拐还是右拐来着？

我走进身旁一家金店，刚问完老板的脸色就变慈祥了，一看就是内行人啊！内行同内行说话是该用些专业术语啊！

于是接下来我们展开了这样一场对话，"老板，你知道那个地方……"我使了个眼色，"怎么走吗？"

"那个地方？"

"对！就是那个地方！"

"哦。那个地方啊？就是那样子走啊！"

"那样子走啊？原来是那样啊！"我恍然大悟状。

"你懂的！"

"呵呵呵……"

我走出金店，对前途感到一片迷茫。

好在我后来遇到了一个热情的大婶，终于来到传说中的那个地方，正对着我的是"中国银行"的标志。

我忐忑地坐下，脑中闪过很多场景。

绕了这么久，只不过是让我来一家小一点的银行门面！等等，难道这不是中国银行？等会儿会有一个戴着大墨镜和24K纯金项链，穿一身皮衣，再顺口叼个雪茄，顺手拿支手杖的彪形大汉来把我劫持走？会出现电视上那些谈判场面吗？要怎么说才显得老练呢？

如果他对我说："哈哈哈你就算叫破喉咙也没人来救你！"

我要不要应景地喊几句"破喉咙"呢？

我正热血沸腾跃跃欲试时，柜台里头的服务人员笑眯眯地问我："小妹妹，你要换什么？"

我迅速掏出在怀里已捂热的纸币给她。

她在办公桌上开始清点，然后酷酷地从保险柜里拿出两张红色毛爷爷并着几个一块的一起递给我。

前后不过五分钟，我就被赶出门了。

我站在街上，拎着按照当时汇率换来的人民币，心情一阵激动，愉快地走进一家麦当劳去物质消费了。

"嗒"，手上的本子掉了，我边捡边问我妈，"你怎么突然想起这个了？"

她忧郁地叹气："最近听你婶婶说那些是真钱，可以换钱的呢！"

"啊！"我作惊讶状，"好像都被我折成纸飞机飞走了。"

"算了，反正也不值几个钱！"她忧郁地起身离开。

你问我为什么看我妈这么忧郁还不告诉她真相啊？

废话！要是被她知道了，到时忧郁的就该是我了。

163

海鲜恐惧症

翁翁不倒

这是一个海鲜和啤酒轮番轰炸的季节，然而每到这个季节，看着那些个活蹦乱跳的小海鲜，我的心情都会变得特别复杂。

能看不能吃，搁谁谁心里不难受啊！

这件事还得从我小时候说起。那时候我莫名地对虾这生物有着特殊的癖好，每逢我妈去菜市场买菜顺带买了几斤虾回来，我必定从头到尾跟在我妈屁股后头看她煮虾全过程。上了餐桌之后，我爹负责剥虾壳，我娘负责蘸酱，而我，就负责张嘴。一顿下来，我能吃小山堆高的虾肉，我爹自个没吃多少，手倒是挺僵硬的，我娘更别说了，条件反射夹了条菜也要去蘸酱。我吃得挺乐呵，吃饱就跑去玩耍了。

这事没完，它得坚持个几年。期间我爹有一次带我去一位伯伯家里做客，伯伯家在山里，那天刚好去了市场买了些新鲜蔬菜和虾。我看了特高兴，口水都流下来了，屁颠屁颠地跟着他去了厨房看他做饭。吃饭的时候，伯伯挺高兴地把虾往我面前一推："小娃娃！多吃点儿！"事实证明，他还没意识到我是一多么可怕的存在。我面前的虾壳一层层地往上堆，伯伯的表情一点一点地变惊恐。最后我收住了，他舒了一口气。当然这完全是因为我吃饱了。

临走前我还在伯伯脸上大大地吧唧了一口，他还摸着我头说我乖呢。不过估计已将我列入黑名单。

然后突然到了某个时间点，跟上了发条似的，一切都变了。那天我妈又煮了虾，我在客厅里问着："什么味儿啊？这么难闻！"我妈说是虾。还特地端出来给我看，我看了一眼，冲厕所里吐去了。自此，我对虾有着莫大的心理障碍，还连累了其他海鲜，像螃蟹啊，小龙虾啊，通通不能吃。然后我爹娘还爱拿这件事笑我，每次家里来客人了，招呼我吃海鲜，我一脸嫌弃。我爹就在旁边充当解说员："我们家闺女啊，小时候那叫一个爱吃虾，后来……"最后我爹笑我娘笑，客人也跟着笑，看着挺乐呵的，谁看到我的心在滴血！

　　时间长了，也不用我爹解说，来我家的客人刚想招呼我，转念一想，停住了："哎，我记得你小时候很爱吃虾，后来不吃了……对吧？"嗯嗯嗯，知我者莫天下也。

　　你们肯定知道我写这文是有原因的！没错，最近船都出海了，带回来一大堆海鲜，我沿海地区的人民都高兴坏了……除了我。然后我娘买回来很多海鲜，螃蟹煲冬瓜啊，蒜爆鲜虾啊……这是我娘施展厨艺的一个季节，大家都别拦着她啊！

　　看着他们在餐桌上吃得那么爽我就不爽，哼！

　　妈你一定是不爱我了对不对？！

　　最后我还是默默拿起筷子，从我面前唯一的一盘菜里夹起了一条菜……

　　蘸酱吃！

165

不必戒掉直视太阳的毛病

那只快乐的大脚

翁翁不倒

　　大脚，这种在古时候特遭人嫌的尺寸，在21世纪，仍然深深困扰着一些人，比如说兔子。

　　兔子是我闺密，人长得漂亮性格也好，唯一的缺点大概就是脚太大。妹子们的脚有三十八码已经是很大了，奈何兔子更严重，她三十九码。

　　每次出门买鞋，当店主问到鞋码时，她支支吾吾到最后说了一个三十九，都会迎来别人惊讶的目光，顺带瞄一眼她的脚，每次都让她感觉尴尬无比，恨不得当场挖个洞跳进去。渐渐地，她连出门都感到害怕，更别说去买鞋。好看的鞋子没有她的码数，有她码数的鞋子大多难看到死。当炎炎夏日姑娘们都换上细跟凉鞋后，她默默看着，摇摇头，还是选择穿着自己的显小版运动鞋，继续忍受炎热。

　　她时常看着其他女生的脚一看就是半天，有次看到一个女生一双脚只有她的手掌大小，她用手比划了一下，愣了半天："她一定经常走路不稳，三步一小跤五步一大跤，哼！"

　　这个评论最初还是她给一幅漫画的，那种贵妇人形象，丰满的身材，却生生踩着一对只有三十六码的脚，羡煞兔子多时。

　　对此她实在有着很深的怨念，当老师讲课讲到古代妇女三寸金莲时，她眼冒金光看着PPT上的图片说："我愿意啊，我不怕啊，真的不怕啊。"

有一次和她去看电影，是《快乐的大脚》，看电影全程她都在自言自语，我抽空听了听，听到一句："你这只傻企鹅，只是还没领略到大脚的痛苦吧，要是你是人，看你还快乐。"

兔子买鞋，买那些自己很喜欢却不合脚的鞋，用来珍藏。就这样看着，看着也是好的。她撑着腮帮子，想着自己穿上那双鞋会是多么blingbling。

虽然前面说到兔子性格好，但有次真的把她气坏了。我怂恿她陪我去买鞋，在一家店里她看中一双，问老板有没有三十八码的，毕竟有一次她买了一双三十八码的，竟然穿进去了，因此得意了好久。那天的店老板也不知是不是心情不好，催促半天都没有拿鞋的意思，悠哉哉地喝茶，瞄了瞄兔子的脚，说了句，不用拿了，三十八肯定不够，看你那脚，估计四十都不够你穿。兔子还蹲在地上仔细看她那双喜欢的鞋，闻言手顿了顿，低着头没说话，再抬头时笑意盈盈："嗯，您说的对。"然后优雅地把鞋放回原处，转头对我说："走吧，这家店的质量真差。"我肯定她的心在一瞬间就被伤害了，可是还要装作不在意的样子，看得我心生疼生疼，之后再也不敢让她陪我去买鞋了。

大脚这件事真的困扰了兔子很长一段时间，虽然在普通人看来没什么，却是兔子心头上的一根刺，拔不掉还总是隐隐作痛。当兔子还是青少年的时候，脚就要比同龄人大，被亲戚说、被同龄人说，偏偏你还不能生气，不然就会被说，自己都这样了还不让别人说啊。那时候的兔子总是不在意地笑笑，嗯，这样才踏实。也是从那时开始，兔子只穿长裙，短裙pass。只穿长裤，短裤pass。就连和陌生人见面，人家在打量她的时候，她做的第一件事也是下意识地把脚藏起来，像什么见不得人的东西一样。

有时候一件小事儿足以毁掉一个人，就比如因为头发失去生命的少女，比如遭受语言暴力导致犯罪的青少年。可是兔子很庆幸自己没有和他们一样被毁掉，现在的她，脚依旧大，但她设法让别人转移注意力，穿恰到好处的衣服，买鞋也只买适合自己的鞋，舍弃那些很喜欢很喜欢却不适合自己的鞋，在脚上做文章，即使脚大，却也能穿得漂漂亮亮。她还安慰自己，脚大的人更能驾驭高跟鞋，而且穿个高跟鞋分分钟比别人高个十公分啊有木有。

兔子长着长着，还是变成了一个阳光明媚的姑娘，那些曾经使她苦恼无比的事，渐渐淡出她的视线。

正如她所说，虽然我不是那只傻企鹅，但是我也很快乐啊！